I0759647

Lo que la muerte me enseñó

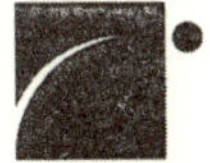

Dr. José Morales

Un testimonio con un inmenso potencial transformador

Lo que la muerte me enseñó

Los cuatro poderes de las Experiencias Cercanas a la Muerte que cambiarán tu vida

Rocaeditorial •

Primera edición: abril de 2025

Printed in Spain – Impreso en España

ISBN: 978-84-10442-45-0
Depósito legal: B-2581-2025

Compuesto en Grafime, S. L.

Impreso en Liberdúplex
Sant Llorenç d'Hortons (Barcelona)

RE 4 2 4 5 0

En memoria de Tomás José Solaní Tirado;
su hermano, Antonio; y su madre, Conchita,
tres seres maravillosos que me vendrán a recibir.

Índice

Introducción
El camino hacia la serenidad

La vida no se te da, se te presta.
No te la quitan, la devuelves.
DICHO

A principios de 2022, experimenté una Experiencia Cercana a la Muerte, un fenómeno que, por fin, la ciencia empieza a estudiar y reconocer. Compartir lo aprendido tanto en aquel extraordinario momento como en la investigación que, como médico, realicé en los años posteriores es el objetivo de este libro. Un aprendizaje que cambió mi forma de afrontar la muerte, pero también la vida. Espero saber transmitírtelo.

Después de décadas trabajando como médico de familia, he podido constatar que los médicos no luchamos contra la muerte. Desde el principio, tenemos la partida perdida; la muerte siempre acabará ganándonos. Lo que nosotros hacemos es luchar contra la enfermedad. Cada vez conseguimos vencer más batallas, pero, cuando llega el momento de la muerte, nuestro cuerpo finalmente cede y todo se desmorona en segundos sin terminar de entender qué es lo que ha sucedido, porque, a pesar de nuestra preparación científica y nuestro bagaje humano, todavía no sabemos definir certeramente y sin fisuras esta experiencia que, antes o después, nos alcanzará a todos.

¿QUÉ ES LA MUERTE?

Pocas preguntas tan complicadas de responder como esta. Desde su aparición sobre la faz de la tierra, la cuestión ha acompañado al ser humano, cuya existencia está marcada por su propia finitud y la de sus seres queridos. Una cuestión que resulta aún más frustrante desde el momento en que, a pesar de los múltiples avances culturales y científicos, sigue sin encontrar una respuesta.

Desde el punto de vista filosófico, podríamos decir que, para una persona con una concepción del mundo materialista, la muerte es el final de un proceso que, además, no sucede de manera brusca, sino paulatina. En este sentido, la muerte sería una sucesión o concatenación de acontecimientos cuya consecuencia última es que un cuerpo vaya dejando de funcionar. El proceso, que tradicionalmente se ha llamado *agonía* (en la actualidad se le llama *fase terminal*), culmina en la muerte clínica, producida cuando el corazón y la respiración se detienen. A partir de ese momento, las células del cuerpo comienzan a descomponerse y se inicia la muerte biológica, que desemboca en la desaparición de la mente, un proceso cerebral que supone el final de la persona.

Este concepto materialista de la muerte convive con aquel que la presenta como el paso necesario para alcanzar otro plano de existencia conocido como «trascender». Compartido por personas con creencias religiosas tradicionales o espirituales, esta idea de la muerte supone el paso a una vida eterna, ya sea en el cielo, ya sea en el infierno. En el caso de religiones como el hinduismo y filosofías como el budismo, la muerte es un hito más en ese ciclo de reencarnación en el que el alma accede a una nueva vida en un estadio perfeccionado o degradado de la existencia dependiendo del karma acumulado en otras vidas pasadas.

Sin embargo, en los últimos tiempos, ha surgido una tercera explicación que viene a aportar un nuevo punto de vista a la forma en que se concibe la muerte, y muy especialmente a esa idea de la continuación de la conciencia que aparece en las explicaciones espirituales. Se trata de las Experiencias Cercanas a la Muerte (ECM). De este modo, se incorpora un término que algunos autores han llamado *tránsito* y que, en mi opinión, resulta muy descriptivo. Te explicaré por qué.

Aunque pueda resultar sorprendente viniendo de un profesional de la medicina con conocimientos científicos y hasta cierto punto inclinado por las explicaciones materialistas de la muerte, yo he sido una de esas muchas personas que han pasado por una ECM. Al echar la vista atrás y reflexionar sobre lo que experimenté, me doy cuenta de que *tránsito* define de manera muy ajustada mi vivencia.

Muchos de los que hemos experimentado una ECM regresamos a esta vida con la certeza de que la muerte no es el final. Durante el tiempo que pasamos fuera de este mundo, sentimos que la conciencia se expande, que se regresa a la unidad, que se reconecta con el todo y que se abre la puerta a una continuación en nuestra evolución fuera de nuestro marco tempo-espacial conocido.

Más allá de todas las interpretaciones, lo que sí es unánime es la idea de que, a partir de la muerte biológica, el cuerpo físico se descompondrá, perderá su forma y devolverá al universo hasta el último de sus átomos. La vida, por tanto, es lo que ocurre entre dos extremos: el nacimiento y el fallecimiento. Queda por dilucidar si tras la muerte existe un más allá, el que sea. En ese sentido, todo el mundo tiene una opinión al respecto; de hecho, hay mucha gente que eleva esa opinión a la categoría de verdad. Lo que parecen olvidar es que, si de verdades hablamos, el propio concepto impide que la mitad de la población tenga una, y la otra mitad, la contraria.

Innegablemente, todos necesitamos unos principios o unas creencias que guíen nuestros pasos por la vida y nos aporten consuelo ante la inevitabilidad de nuestra propia muerte y la de nuestros seres queridos. De hecho, no resulta extraño que, a lo largo de su existencia, una persona cambie de opinión en este sentido. Si quieres que te sea sincero, yo mismo he transitado por ambos senderos: el de aquellos que consideran que la vida termina con la muerte física, por un lado, y el de los que creen en una continuidad espiritual. Por eso, me declaro profundamente respetuoso con cualquiera de las dos opciones.

En lo que no hay discrepancias es en que, desde el momento en que la muerte nos iguala a todos los seres vivos, animales y humanos, hombres y mujeres, ricos y pobres, escépticos y convencidos, materialistas y creyentes, tanto los que defienden una explicación u otra experimentan miedo ante su finitud; en el caso de los humanos, todos poseemos los mismos recursos para enfrentarnos a esa última realidad. En este sentido, *Lo que la muerte me enseñó* intenta ser un libro práctico para todo aquel que afronta un proceso terminal, ya sea como protagonista, ya sea como familiar o como cuidador.

Partiendo de mi propia experiencia de ECM y las enseñanzas que extraje de ella, he entresacado cuatro momentos clave, que han sido profundamente transformadores tanto para mí como para otras muchas personas que han compartido su experiencia conmigo. Les di el nombre de *poderes* y seleccioné cuatro herramientas de autoayuda que suelen resultar útiles en la gestión de la incertidumbre ante la muerte. Aunque, para el paciente, supone el cierre de la etapa vital, para su entorno afectivo de familia y amigos la muerte implica una pérdida que, independientemente de si son ateos o creyentes, espirituales o materialistas, deberán integrar a través del duelo.

Consciente de la complejidad del tema, intentaré que mis explicaciones sean sencillas, claras y empáticas, pues es mi intención que cualquier lector que antes o después se enfrentará a la muerte bien como causante, bien como doliente, pueda entenderlo todo.

Así pues, priorizaré la sencillez y la claridad del mensaje. Para un mejor entendimiento, he incluido un glosario de términos entre los anexos finales del libro en el que explico el sentido con el que empleo determinadas palabras en este texto, y también ilustraré lo que relato con casos reales entresacados de mis lecturas y de mi experiencia profesional. Tan solo modificaré nombres y aspectos accesorios que puedan permitir identificar a los protagonistas con la intención de preservar sus identidades y evitar que otras personas puedan reconocerlos. En ocasiones, añadiré ejemplos o citas literarias que demuestran que nuestras inquietudes en lo que se refiere a la muerte y la pérdida de los seres queridos son atemporales y comunes a todos los seres humanos. Por último, también es mi intención aportar ciertas herramientas y ejercicios prácticos y accesibles para las personas que transitan por ese trance. Y es que, cuando la muerte se acerca, «vivir se convierte en un asunto urgente».

Para finalizar esta introducción y antes de entrar en materia, quiero aclarar que lo que relato en este libro sobre mi perspectiva en relación con la vida y la muerte cambió de forma radical el mes de marzo de 2022, cuando experimenté lo que se conoce como una Experiencia Cercana a la Muerte (ECM). A partir de ese momento, todo lo que creía sobre la continuidad de la conciencia más allá de la muerte dejó de ser cuestión de fe para convertirse en una certeza personal verificada por mi propia experiencia, que va más allá de cualquier creencia o teoría. A partir de mi ECM, constaté de manera directa que la conciencia trasciende lo físico. Comprobé que, una vez liberada de esta funda material que es nuestro cuerpo, se mueve fuera del tiempo y del espacio con asombrosa libertad y omnisciencia. Gracias a esta vivencia, tengo la certeza de que mi regreso a casa será un día feliz. Eso no quiere decir que tenga que darme prisa en emprender ese viaje. Nuestro momento llegará cuando llegue. Hasta entonces, tenemos la oportunidad de aprender, reparar y amar.

PARTE I
Cuando la muerte habla

1
Mi Experiencia Cercana a la Muerte, lo que me enseñó y cómo me transformó

> Los dos días más importantes de tu vida son
> el día que naciste y el día que descubriste por qué.
> MARK TWAIN

Me siento algo incómodo hablando de mí mismo. Más aún cuando se trata de una experiencia íntima, en principio destinada solo a mi memoria. Por otra parte, también soy consciente de que, si quiero ayudarte, debo contarte lo que viví y cómo esa experiencia transformó mi mundo interior.

Cuando en las entrevistas me piden que cuente mi experiencia suelo preguntar en tono de broma: ¿qué prefiere, la versión corta o la versión larga? Dado que hay infinidad de detalles, siento que el relato completo puede resultar aburrido. Pero también sé que hay personas especialmente interesadas por las Experiencias Cercanas a la Muerte y que les encanta conocer cada detalle. En honor a estos últimos he optado por ofrecer en este libro una versión más pormenorizada de la que a veces he expuesto en otros medios.

Nací en Lleida en 1960. Lo hice en el seno de una familia modesta, lo que no impidió que tuviera una infancia feliz en la que comencé a cultivar una afición por la lectura y la música que aún perdura. Fue también en esa época cuando empecé a interesarme por la complejidad de la mente humana, razón por la cual decidí estudiar Psicología. Sin embargo, quiso la suerte que en 1977 comenzase a impartirse la licenciatura de Medicina en mi ciudad, carrera en la que me matriculé (descartando así formarme como psicólogo), para no cargar a mi familia con más obligaciones y con el convencimiento de que me especializaría en Psiquiatría, Neurología o cualquier otra disciplina que tuviera la psique como objeto de estudio. Aunque me sigue fascinando la mente humana, cuando me licencié encaminé mi carrera profesional a la medicina familiar y comunitaria: me convertí en lo que llamo «médico especialista de lo frecuente».

Cuando comienza esta historia, en 2022, llevaba casi un cuarto de siglo trabajando en un mismo ambulatorio del interior de Cataluña. Tenía sesenta y dos años. Aunque estaba contento con mi carrera profesional, desde hacía años anhelaba vivir en mi paraíso secreto, el Delta del Ebro. En cuanto tenía la oportunidad, me escapaba a La Rápita, un bonito pueblo mediterráneo que me hacía sentir bien por el mero hecho de estar allí. Así pues, cuando pedí el traslado a esa localidad y me lo concedieron, me sentí inmensamente feliz.

En 2022 se cumplió aquello de «año nuevo, vida nueva». Y, en cuanto empecé a trabajar, me encontré muy cómodo. Mis nuevos compañeros eran magníficos, y cada paciente suponía un descubrimiento. En lo que se refiere a mi salud, pronto me iba a someter a una intervención quirúrgica en la que tenía depositadas muchas esperanzas. Sufría una arritmia cardiaca llamada *fibrilación auricular.* Si el procedimiento —una ablación por cateterismo de venas pulmonares— resultaba eficaz, podría abandonar la medicación de antiarrítmicos y anticoagulantes que me tenía que tomar, a pesar de no tolerarlos del todo bien.

Si te cuento estas cosas es solo para resaltar que no atravesaba ninguna crisis personal, ni profesional, ni necesitaba llamar la atención. Andaba todo bien y aceptaba las cosas tal y como venían.

El caso es que en la tarde del 5 de marzo de ese 2022, al ir a vestirme después de levantarme de la siesta, perdí el conocimiento. Por las deducciones que pude hacer más tarde, debí de caer desplomado; me golpeé la espalda y la frente. Cuando, unos minutos después, recuperé la consciencia, no podía creer lo que había experimentado. Aturdido, me arrastré como pude hasta la cama y, tendido en ella, pasé un rato intentando comprender qué había sucedido.

MI ECM

Mi primer recuerdo es ver mi cuerpo en el suelo, semisentado, con la espalda apoyada en la pared, reclinado hacia mi izquierda y encajonado a mi derecha con la mesita de noche en la que descansaba el codo de mi brazo derecho. Me llamó la atención que observaba la escena con luz y nitidez a pesar de tener la persiana bajada y la luz apagada, por lo que debía de haber penumbra, pero lo más llamativo era ver mi cuerpo inerte, sin movimientos respiratorios ni motores. Para mí, que como médico de familia estoy habituado a certificar defunciones, era evidente que tenía frente a mí el cadáver de lo que había sido hasta ese momento mi cuerpo. Me surgió el pensamiento «Vaya, me he muerto», pero sin ninguna ansiedad ni dramatismo, sino con naturalidad. No estaba en el techo, como relatan la mayoría de las personas que han experimentado una ECM, sino más bien como si estuviese de pie frente a mi cuerpo echado, pero tampoco veía mi yo etéreo como para conocer mi posición de observador. Casi de inmediato me vi succionado por un remolino verde esmeralda. De hecho, fue la segunda vez que me ocurría en la vida, ya que, con unos diez años, mientras me bañaba solo en una piscina, me di un golpe en la cabeza y mi siguiente recuerdo fue comenzar a ser succionado por idéntico remolino, pero en esa ocasión recuerdo haberme visto haciendo un gran esfuerzo, como si bracease intensamente, y logré volver a sentirme en la piscina, tosiendo y logrando asirme al borde.

En esta segunda ocasión, el remolino me succionó completamente. Acabé en un espacio oscuro, sin límites definidos en el que solo veía mis brazos iluminados como si tuviese un intenso foco por encima. Además de verme, podía escuchar un sonido grave y rítmico que sonaba de fondo, muy parecido al que hace un viejo camión calentando el motor tras el arranque, antes de iniciar su marcha. No tenía ninguna sensación física ni emocional especial, simplemente estaba. En determinado momento comencé a notar una suave y cálida brisa al tiempo que sentía desplazarme de forma pasiva hacia arriba, donde una luz en principio tenue se hacía cada vez más grande e intensa. Me desplazaba como una pluma que es transportada por una corriente de aire a lo largo de una larga chimenea. Finalmente me sentí liberado, viéndome en altura sobre un maravilloso entorno natural alpino de primavera con un paisaje similar a los que había disfrutado en los Alpes o los Pirineos, pero de una luminosidad y colorido extraordinarios, casi psicodélicos. Yo no estaba ubicado en ningún lugar concreto, sino que simplemente me sentía parte del todo, profundamente conectado. Me sorprendió la sensibilidad tan extraordinaria de la que estaba disfrutando y, aunque desde hace años no tengo apenas olfato, en esa ocasión percibía olores tan maravillosos e indescriptibles que hubiera causado envidia a Jean-Baptiste Grenouille, protagonista de la novela *El perfume*. Similar agudeza disfrutaba en mi vista y oído. Si lo hubiese deseado podría haber visto una hormiga en la lejanía y oído su caminar con la misma claridad que un caballo que camina a tu lado, era únicamente cuestión de desearlo. Aquella maravillosa conexión no era solo sensorial, eso no era nada respecto a la inmensa felicidad, casi éxtasis, de sentirme como unificado con el universo. No me extraña que en muchos relatos de Experiencias Cercanas a la Muerte sus protagonistas no quieran volver a la vida terrenal cuando son invitados a ello. Nadie quiere abandonar la fiesta cuando está en su mejor momento.

Me encontraba sumido en una contemplación pura, algo que nunca, ni antes ni después, he logrado volver a experimentar. Desconozco cuánto tiempo pasé así, pero era tal la perfección de ese estado de bienestar que, si por mí hubiera sido, habría permanecido eternamente en él.

En mi caso la inmensa paz no fue interrumpida por ningún ser ni mandato, sino que paulatinamente se fue difuminando, desapareciendo el colorido y la conexión hasta quedar un entorno neutro y de tranquilidad personal en el que parecía que algo debía ocurrir a continuación, como la pausa de transición con la bajada de telón entre dos actos de una obra teatral.

No sé por qué miré a mi izquierda y ahí, cerca de mí, estaba mi gran amigo Tomás José, quien protagonizaría mi siguiente experiencia maravillosa. Como a diez metros más allá había una presencia conocida por mí, la del señor Ramón, alguien a quien conocía y que me miraba con sus penetrantes ojos verdes sin querer interaccionar conmigo, sino más bien transmitiendo un «recuerda que estoy aquí». Este detalle lo omito sistemáticamente cuando cuento mi ECM por lo aparentemente trivial y por haber sido alguien muy conocido en mi ciudad. No podía imaginar la relevancia que adquiriría dos años y medio después y que explicaré al final del capítulo.

Volviendo a Tomás José, mi querido amigo de juventud, deseo que conozcas quién fue, cuál fue nuestra relación y su significado en mi experiencia.

A mediados de la década de los años setenta, Tomás José era un joven brillante y atractivo. Su infancia había sido feliz. Había crecido en una familia numerosa de once hermanos. Era serio y responsable. Desde joven, mostró un talento excepcional para el piano. De trato amable y educado, sus padres se sentían muy orgullosos de un hijo tan prometedor. No era para menos, con dieciocho años había terminado su carrera de piano en Lleida. En otoño, tenía planeado comenzar Medicina en Barcelona. Aunque sabía que tendría que repartir su tiempo entre el Conservatorio Superior y la Facultad en el Hospital Clínic, ya había demostrado una gran capacidad de organización y trabajo.

Sin embargo, durante el verano, Tomás José protagonizó una serie de extraños episodios que dejaron muy preocupados a sus padres: en la mesa, de repente, decía una frase absurda que sorprendía a su entorno; cuando estaba practicando con el piano, desafinaba torpemente con la mano derecha. Al preguntarle sus familiares qué era aquello que había dicho o por qué tocaba de esa extraña manera, respondía confundido, como si no supiera de lo que le hablaban. Consultaron con un neurólogo, que lo interpretó como ausencias con automatismos y temió que pudiera tratarse de un tumor cerebral. Tras hacer las pruebas correspondientes —con las técnicas de entonces—, los temores se revelaron ciertos, aunque aún había lugar para la esperanza. Habida cuenta de que el tumor estaba localizado en una zona concreta y tenía un tamaño pequeño, los médicos aconsejaron una inmediata intervención; confiaban en que, si todo iba bien, podría salir de la operación con apenas secuelas. Ante semejante escenario, la familia tuvo que tomar decisiones difíciles en poco tiempo. Finalmente, buscaron el mejor neurocirujano en Barcelona y se encomendaron a Dios.

Lamentablemente, lo que los médicos encontraron fue peor que lo esperado; la anatomía patológica confirmó las peores noticias: se trataba de un glioblastoma multiforme, uno de los tumores cerebrales más agresivos. A ese preocupante diagnóstico se sumó que, a consecuencia de la intervención, Tomás José permaneció en coma durante dos años. Por si no fuera suficiente, cuando recuperó la conciencia, constataron que el muchacho había quedado ciego y con la movilidad del lado derecho del cuerpo muy afectada. Sus padres, emocionalmente devastados, resolvieron continuar adelante con el mejor ánimo por el bienestar de sus otros hijos, sin imaginar que, poco después, el padre de la familia sufriría un accidente de coche que también le dejaría secuelas neurológicas. A partir de ese momento, todo el peso de la casa recayó en Conchita, la madre.

Era una mujer excepcional, carismática y simpatiquísima. Sin embargo, el hecho de tener once hijos (de los cuales Tomás José era el mayor) y no poder contar con la ayuda de su marido hacían que fuera incapaz de prestarle a su hijo más atención de la que ya le prodigaba. Por tal motivo, cuando Tomás José comenzó a recuperar la conciencia, su madre se acercó a su parroquia para preguntar si, a modo de voluntariado, algún joven podría acompañarlo de vez en cuando para leerle algo, para tal vez crear una amistad con él o, simplemente, salir a pasear juntos por el barrio. Y ese joven fui yo.

A través del sacerdote claretiano que me orientaba, conocí la propuesta de la madre de Tomás José; con la generosa buena voluntad de la juventud, acepté el encargo. Si bien Tomás José era cinco años mayor que yo, nuestro trato era entre iguales; desde el principio, se estableció una gran relación de amistad. Cuando lo integré en mi grupo mixto de la parroquia, se sintió inmensamente feliz. Durante los siguientes cinco años, compartimos muchas horas que nos enriquecieron mutuamente. Si te explico todo esto es solo para hacerte ver que la nuestra no era una amistad común, porque, además de mutuo afecto, había una inmensa gratitud por su parte, y por la de su madre, por algo que, sinceramente, yo hacía sin esfuerzo.

Lamentablemente, con el tiempo, el tumor se reprodujo y Tomás José acabó postrado en la cama. En la última conversación que mantuvimos, me dijo que, debido a sus limitaciones, lo único que podía hacer por los demás era rezar y que muchas de sus oraciones eran por mí. Pedía que las cosas me fueran bien tanto en los estudios de Medicina como en la vida en general. Así de grande era su alma. Así de generoso y espiritual fue hasta el último minuto de su vida.

Volviendo a mi Experiencia Cercana a la Muerte, cuando me encontré con Tomás José, lo vi en su plenitud, elegante, con la vista recuperada y sin cicatriz alguna. La inmensa alegría del reencuentro me impulsó a abrazarlo, pero, para mi sorpresa, me detuvo. Aunque percibí su inmenso deseo de corresponder al abrazo, me dijo telepáticamente: «No me abraces, no te detengas, sigue el proceso». Fui todo desconcierto. ¿Qué razón oculta había en aquel rechazo? Aunque en ese momento no lo entendí, durante las semanas siguientes me obsesionó hallar una respuesta a esa pregunta. No tardé mucho en encontrar el relato de una persona que había vivido una experiencia semejante a la mía en la que contaba que, cuando volvió a reunirse con su hermano fallecido, este le había dicho: «Si me abrazas, no podrás volver». Al escucharlo, el corazón me dio un vuelco. Lo sentí tan auténtico que me eché a llorar, agradecido por la generosidad de Tomás José.

Volviendo al relato, desconcertado ante la sorprendente reacción de mi amigo, miré a la derecha y vi a un ser de luz que me impresionó. Tenía el doble de mi tamaño; era una figura estilizada y de una hermosura incomparable. Su presencia irradiaba una inmensa compasión. Volví a sentir esa profunda paz, semejante a la que experimenta un bebé en brazos de su madre, que me devolvió la tranquilidad. Sin necesidad de palabras, me transmitía sentimientos de aceptación total, empatía y un conocimiento profundo de mi ser. Los mensajes eran más emocionales que de palabra: «Tranquilo, estoy contigo en todo momento».

Al mirar al frente, vi un gran panel lleno de imágenes que reconocí al instante. Eran momentos de toda mi existencia, desde mi infancia hasta el instante de mi partida. Al contemplarlos, mi ánimo estaba sereno. Sin embargo, de todas las imágenes, me llamaron especialmente la atención aquellas situaciones en las que, por egocentrismo, había causado dolor, decepción o tristeza a otras personas, que podían haber sido cercanas o con las que podría haber tenido un contacto fugaz.

No quiero transmitirte la idea de que mi vida fue una sucesión de errores. Como cualquier persona, también había hecho mucho bien a los demás. Sin ir más lejos, a Tomás José. No obstante, aquellos episodios destacaban como manchas de tomate en una camisa blanca. Gracias a mi ECM, pude sentir de manera empática lo que esas personas habían experimentado y, sinceramente, me resultó muy muy doloroso.

Entre las imágenes que se me mostraban, estaba la de una camarera a la que traté desconsideradamente. Puede parecer una situación normal y en la que no hubiese reparado si me hubieran preguntado, pero allí estaba para mostrarme qué consecuencias tuvo mi actitud en el ánimo de aquella pobre chica. Creo que merece la pena que te cuente lo que sucedió.

Cierto día, me senté en la terraza de una cafetería; cuando la camarera, una joven rumana de unos treinta y cinco años, se acercó, le pedí un café con leche bien caliente. Tardó mucho en servirme; probablemente estaba sola para atender el interior del local y la terraza, pero me molestó. Finalmente, me dejó un cortado y se fue a atender otra mesa a toda prisa. Al probar el café, noté que estaba frío y mi rabia se desató. Me levanté y, con la taza en la mano, me dirigí a la barra donde ella seguía sacando cafés a toda velocidad. No reprimí mi enfado, y ella se disculpó; en ese mismo instante, me hizo un nuevo café asegurándose de que estuviese caliente. Cuando regresé a mi mesa, experimenté una satisfacción prepotente porque me había hecho respetar. Sin embargo, cuando viví mi Experiencia Cercana a la Muerte, mientras veía cómo me hacía el café y calentaba la leche, percibía sus pensamientos, conocía su situación y experimentaba su agobio. Tenía un hijo pequeño que estaba cuidando sin ayuda de nadie; su inquietud era del tipo: «Si mi jefe se entera de estas quejas y me despide, ¿qué va a ser de nosotros? ¿Cómo pagaré el alquiler? No podemos vivir en la calle».

Con lo que sé ahora, no puedo negar que mi comportamiento me avergüenza, pero ahora no es momento de ser simpático ni autocomplaciente, sino de ser sincero. De hecho, mi rubor aumenta cuando recuerdo que en ese panel no solo se reflejaban mis malos modos con la camarera. Junto con esa imagen había otras muchas otras manifestaciones de egoísmo, soberbia, inmadurez e ignorancia, porque, aunque te cueste creerlo, una vida da para muchas situaciones como esa.

Durante mi ECM, esta y otras sensaciones de empatía con aquellas personas con las que no había actuado bien se agolparon, generando un inmenso malestar que no puedo describir con palabras. No obstante, mientras experimentaba esta revisión de vida, el ser de luz me transmitía compasión. Sin palabras, me decía: «No fue maldad, solo ignorancia. Solo necesitas comprender». Y comprendí. Vaya si comprendí. Fue una lección profunda y terrible que me dejó una inmensa culpa y deseo de reparación.

«Es horrible. Debo limpiar mi karma, necesito volver y mejorar las cosas», dije como en un grito interior; entonces, de repente, recibí un mensaje telepático: «Está bien, puedes volver». A partir de ese momento, todo fue muy rápido. Sentí una caída hacia atrás y, al cabo de un instante, me encontré de nuevo en mi cuerpo, experimentando una gran incomodidad física. Sentía un fuerte dolor en el centro de la espalda, que supongo que tenía que ver con el golpe que me había dado con el canto del mueble, así como otro dolor en la cabeza, fruto del contacto con la pared o por alguna de esas convulsiones tan frecuentes en situaciones como estas. Pese a la intensidad de lo relatado, sé que no debió de durar más de un minuto, ya que no tengo secuelas neurológicas del incidente. Como pude, me arrastré hasta la cama, donde permanecí alrededor de un cuarto de hora totalmente conmocionado por lo que había vivido.

Si esto le hubiera sucedido a un paciente, estoy seguro de lo que le habría dicho: «Te pediré una ambulancia medicalizada. Esa arritmia podría repetirse y es necesario que te la miren y quizá poner un marcapasos de forma preventiva». Por increíble que parezca, los médicos también experimentamos reacciones humanas que no tienen que ver con criterios clínicos; en mi caso, alucinado por la experiencia y por esa especie de permiso que había recibido para seguir viviendo, no le dije nada a nadie. Ni siquiera hablé con mi mujer al respecto. Tampoco le dije esta boca es mía a mi cardiólogo. Vivía arrobado por lo que me había sucedido. Tanto fue así que no reparé en el riesgo cardiológico de poder sufrir otro síncope, quizá conduciendo o en soledad, sin poder contar con el auxilio de alguien que pudiera reanimarme. Sé que es una actitud completamente incomprensible para alguien de mi experiencia profesional.

Un mes después, me sometí a aquella intervención quirúrgica. Todo fue bien.

LOS SIGUIENTES MESES

Cuando relato mi experiencia, suelen decirme: «¡Qué fascinante, a mí también me gustaría vivir algo así!». Sinceramente, regresar a la vida física no es tan bonito como pudiera parecer. Durante la Experiencia Cercana a la Muerte te encuentras en un lugar de inmensa paz, por lo que regresar, con todas las limitaciones que conlleva, es como volver a ponerse un pesado traje de buzo y descender a las profundidades.

Como otras muchas personas que han vivido una situación de este tipo, de mi Experiencia Cercana a la Muerte regresé confundido, sin entender del todo qué había sucedido. Al día siguiente, decidí redactar lo que había experimentado para evitar que los recuerdos se deformaran con el tiempo. Cuando indagué un poco, por fin pude comprender qué me había sucedido. A partir de entonces, me sumergí en la lectura de libros y testimonios sobre las Experiencias Cercanas a la Muerte y descubrí que había miles y miles de personas que habían vivido una situación similar en todo el mundo. A pesar de ser médico, nunca me había formado al respecto.

Temeroso por cómo podía reaccionar mi entorno, durante seis meses preferí no compartir mi vivencia con nadie. En lo profesional, no quería poner en riesgo la confianza que comenzaban a depositar en mí los pacientes; en lo familiar, no deseaba añadirle más preocupaciones a Agustina, mi esposa, que con frecuencia se trasladaba a otra provincia a cuidar a su padre, un hombre nonagenario que se resistía a dejar su casa. Sin embargo, una noche de verano, durante una relajada cena con amigos, de forma impulsiva, irreflexiva y sin reparar en el contexto, solté la bomba.

Nos reunimos con una pareja muy amiga nuestra. También estaban nuestras hijas (tanto la de ellos como la nuestra tenían unos treinta y cinco años). En la sobremesa, sentados los seis en la terraza, comencé: «Os voy a contar algo que no vais a creer, pero os prometo que es cierto». Al principio, pensaron que iba a soltar alguna ocurrencia, alguna anécdota que comenzaba con «hace seis meses, cuando me levantaba de la siesta...». Sin embargo, poco a poco, los rostros se fueron tornando serios y pasaron de la sorpresa a la incredulidad. Cuando acabé, se hizo un silencio pesado y denso que se hubiese podido cortar con un cuchillo y que rompió Agustina: «¿Y no me lo pudiste contar antes a solas? ¿Tengo que enterarme así, seis meses después y delante de otra gente?», me dijo, claramente enfadada. Con un susurro, le respondí: «No pude».

MI TRANSFORMACIÓN

Tras esta primera confesión, días más tarde, una paciente entró en mi consulta con un aire de tristeza y rabia. Al preguntarle cómo se encontraba, respondió: «¿Cómo quiere que me encuentre, habiendo perdido a mi hijo?». Nadia, así la llamaremos, me explicó que su hijo adolescente había muerto arrollado por un conductor borracho. «Sé que nunca volveré a verlo», añadió.

Con calma, le respondí: «¿Y si le dijera que lo volverá a ver y en su mejor momento?». Nadia me respondió con escepticismo, por lo que decidí hablarle brevemente de mi ECM. Cuando terminé, me contestó: «Si lo dice mi médico, tendré que creerlo». Y añadió: «En tal caso, quiero morirme ahora mismo». Estuvimos un buen rato hablando, y le hice ver que morir no es la solución. Mientras su hijo le espera pacientemente en ese lugar, puede honrar su memoria y cumplir con su propia misión en esta vida, la que ella considere y elija. Al final de la charla, sus ojos brillaban con una nueva esperanza. Fue en ese momento cuando comprendí que tenía la responsabilidad de compartir lo que había vivido.

Aunque temía que lo que pudiera contar afectara a mi credibilidad profesional, decidí dar a conocer mi experiencia a través de las redes sociales. A medida que constataba en mi entorno una actitud respetuosa, me animé a seguir adelante. También ayudó que, cuando comencé esa labor, me sentía muy cambiado. Tenía una gran curiosidad sobre temas de espiritualidad y deseaba disfrutar de mayor libertad para recorrer otro camino. No tardé en darme cuenta de que era una tarea indefinida que, al mismo tiempo que me abría sus brazos, requería de mi confianza, mi dedicación y mi tiempo. Para cumplir con tales exigencias, decidí jubilarme de la medicina, profundizar en estos temas y ayudar a otras personas a través de talleres, charlas y acompañamiento online. Mi vida había tomado un nuevo rumbo, más sencillo, pero, a la vez, más lleno de sentido.

UN FENÓMENO EXTRAORDINARIO Y SANADOR

He dudado mucho antes de incluir lo que viene a continuación, no porque sea falso, sino porque por increíble pueda afectar a mi credibilidad como narrador. En lo paranormal hay mucha imaginación cuando no fraude, por lo que para algunas personas estos son temas de charlatanes y vendehúmos, impropias de hombres de ciencia. Por otra parte, me pregunto el derecho que tengo a ocultar partes del relato solo porque pueden no agradar. Si pretendo una sinceridad radical con los que se interesen por este caso, necesitan disponer de todos los datos, aunque yo no los comprenda.

Quiero aclarar que no tengo ningún poder especial ni capacidad *mediúmnica*, aunque lo que voy a explicar es sorprendente. Cuando, como médico, he atendido a personas, he tomado decisiones y dado consejos basados en criterios científicos y verificables; es la manera en la que me siento cómodo. Quizá la ciencia tenga una explicación plausible para estos fenómenos algún día, pero mientras tanto hemos de ser cautelosos en todo lo que de comunicación transpersonal se refiere. Dicho esto, paso a los hechos.

En el verano de 2024 mi ECM ya había adquirido difusión en diversos canales de internet y, en septiembre del mismo año, el doctor Sans Segarra publicó su libro *La supraconciencia existe*, en el que dedicaba dieciséis páginas a mi caso. Como expliqué anteriormente, además de Tomás José había otra persona cuya presencia intencionadamente omití en mis relatos hasta ahora. Le llamaremos Ramón Xifré, aunque no es su nombre real. Era una persona muy conocida en Lleida que falleció hacia 2005, dejando un gran vacío en muchos leridanos que le apreciaban y respetaban. Al no interaccionar conmigo durante mi ECM, ni tener una relación emocional especial, representaba una incoherencia irrelevante que solucioné explicándoselo solo a mi esposa y resolviendo no compartirlo con nadie más.

Durante ese verano de 2022 en La Rápita, me contactó una emprendedora barcelonesa a la que llamaremos Inés para proponerme impartir un taller en su centro cultural, invitación que acepté fácilmente. Descubrimos que ambos éramos de Lleida, aunque viviésemos en provincias diferentes a nuestro origen y no mencionamos más el tema. En septiembre volvió a contactar conmigo para ultimar detalles y al final de la videollamada me comentó que le interesaban las ECM y de forma inocente me preguntó: «Doctor, ¿no le ha pasado recordar algo que en un primer momento no recordaba?». Le respondí: «No, recuerdo todo como el primer día. Pero hay algo que no he contado a nadie, solo a mi esposa y que solo tú puedes entender», y esta frase la repetí tres veces, al final de las cuales ambos estábamos sorprendidos, ella por no entenderlo y yo por haber pronunciado de forma reiterada una frase tan absurda. ¿Qué era lo que solo ella podía entender? Yo desde luego no lo sabía.

Su pregunta fue natural: «¿Y quién era?». Al responderle «Ramón Xifré» dio un gemido, se echó a llorar tapándose la cara y repitiendo: «Qué fuerte. No puede ser». Quedé desconcertado, y los siguientes minutos se me hicieron larguísimos a la espera de que recuperase la calma.

UNA HISTORIA DE AMOR

«Te contaré una historia que es un secreto familiar y que solo la conocemos mis hermanos y yo», me dijo, antes de explicarme que Ramón era su padre adoptivo, ya que su madre, abandonada por su marido, y Ramón, hombre casado que quería conservar una imagen social, mantenían una relación amorosa de muchos años que llevaron discretamente. Inés no solo fue testigo: en ocasiones usaban su presencia para cubrir las apariencias en los encuentros, en otras quizá la llevaban por no dejarla sola. Ramón se encantó enseguida de aquella niña vivaracha y alegre, y fue siempre muy cariñoso y generoso, preocupándose por su educación y pagándole todos los estudios hasta su fallecimiento. Para Inés ese era su auténtico padre y confiaba plenamente en él para todo.

Esta situación duró hasta 2005, cuando en el lecho de muerte del hospital donde ingresaron a Ramón por una fulminante enfermedad, Inés se despidió diciéndole al oído: «Has sido un padre para mí».

La muerte de Ramón fue un duro golpe para la madre de Inés, ya que tenían planes concretos para hacer pública la relación, ir a vivir juntos y disfrutar sueños compartidos en sus últimos años. En su lugar, tuvo que vivir un duelo silencioso que la destrozó emocionalmente y que no llegó a superar, y murió en una profunda depresión cuatro años después. Por diversos motivos complejos de explicar ahora, Inés acumuló rencor y decepción hacia Ramón sintiéndose engañada por el incumplimiento de promesas en las que ella siempre confió, al quedarse desamparadas tanto su madre como ella y sus hermanos. En su caso, aunque pudo acabar sus estudios universitarios, tuvo que replantearse su vida al tener que volver para cuidar de su madre, sumida en una profunda depresión. Tan grande fue el malestar que hubo de recurrir a la ayuda psicológica durante meses, sin obtener mejoría de su duelo.

Aparecer de una forma tan increíble e intencional de nuevo en su vida durante la videollamada le impresionó profundamente.

Interpretó que no la había abandonado, sino que seguía estando pendiente de ella haciéndoselo saber de esta manera y produciendo en ella un efecto extraordinariamente sanador. Entendió que había otras explicaciones alternativas sobre las que quizá Ramón no tenía control y que el amor paterno de este era real y eterno.

A mí me impresionó la posibilidad de que Ramón hubiese utilizado mi ECM a modo de cápsula del tiempo para enviar un mensaje de amor a su hija, a la que había dicho muchas veces querer muchísimo, aprovechando que esta y yo íbamos a establecer un contacto aparentemente azaroso más tarde. Admitir esto me plantearía otras preguntas sobre lo que significa el tiempo en el otro lado, una dimensión en la que aparentemente es posible unir dos momentos tan improbables, y también sobre las formas con las que el mundo espiritual actúa en el material.

También podría argumentarse desde una posición escéptica que todo es producto del azar. Lleida tiene 140.000 habitantes. Experiencias Cercanas a la Muerte entre leridanos seguramente hay unas pocas, empresarias leridanas en Barcelona también, y amores desafortunados por desgracia hay muchos. Juntarlo todo en Inés, Ramón y yo a través de una afirmación enigmática repetida tres veces es mucho más improbable. Que cada uno extraiga sus conclusiones.

Desde entonces, Inés se manifiesta muy feliz. Ha colocado la fotografía de Ramón junto a la de su madre en un pequeño altar personal y fue al cementerio donde está enterrado a llevarle flores a su tumba por primera vez.

Tiene un final feliz. Hicimos el taller propuesto. Todas las asistentes eran sus amigas además de clientes y, allí, entre Inés y yo, contamos esta increíble historia de amor paterno más allá de la muerte, así como de su poder sanador. Inés abrió su corazón por primera vez en su vida entre lágrimas, liberando ese enorme secreto que la había atormentado desde su infancia, mientras sus amigas la arropaban con no menos emoción acabando todo en un emotivo abrazo colectivo, que hizo de ese día uno muy especial para todos los presentes.

2
Las ECM. Ciencia y misterio

La búsqueda de la verdad
es más valiosa que su posesión.
ALBERT EINSTEIN

UNA APROXIMACIÓN A LAS ECM

Después de mi experiencia, quedé profundamente impresionado y necesité comprender qué había sucedido. Estaba a la espera de una intervención quirúrgica para la cual debían avisarme al cabo de pocas semanas, pero, lejos de preocuparme por mi corazón, me centré en comprender lo que había ocurrido mientras estuve inconsciente.

Mi mente se encontraba sumida en tal confusión que en ningún momento se me ocurrió comentarle a mi esposa: «Creo que me he muerto; vayamos al hospital». No le dije nada a nadie. Al día siguiente, escribí el relato de lo que viví por miedo a olvidar detalles o distorsionar el recuerdo, como suele ocurrir. Pero no fue así. Lejos de que ese recuerdo se difuminase, incluso después del tiempo transcurrido, si me relajo, soy capaz de reproducir en mi imaginación aquella experiencia, aunque, eso sí, con una intensidad sensorial y emotiva quizá algo menor.

Durante las semanas siguientes, busqué testimonios en internet, vi vídeos y compré algunos libros que me pudieran ayudar a salir de esa confusión. De todos ellos, *Al otro lado del túnel*, del doctor José Miguel Gaona, fue el que me proporcionó la comprensión más amplia de lo ocurrido, pero me sorprendió constatar en todos ellos que, aunque cada experiencia tiene sus particularidades, la mía era asombrosamente coherente con muchas otras, como si nos hubiésemos copiado los unos a los otros. De esta forma, descubrir ejemplos similares en la Grecia clásica, en la época medieval y, sobre todo, en el último siglo me permitió comprender que mi experiencia no era algo singular, sino que seguía un patrón.

Como médico no podía entender que un fenómeno que es más frecuente de lo que se puede pensar queda fuera de las conversaciones cotidianas y es ignorado por la ciencia médica. Según pude averiguar, alrededor de un quince por ciento de las personas que han estado en riesgo de morir, bien por un paro cardiaco, un accidente o una descarga eléctrica, han relatado experiencias muy semejantes a la mía. En total, un cuatro por ciento de la población habría experimentado en algún momento de su vida una ECM. Sin embargo, ni este suele ser un tema de conversación habitual ni los médicos recibimos (y hablo con conocimiento de causa) ni una sola hora de docencia sobre un fenómeno humano tan trascendental. Definitivamente, empezaba a darme cuenta de que las ECM se consideraban un tema incómodo, más propio del ámbito de lo paranormal que de los respetables hombres de ciencia.

¿Qué son las Experiencias Cercanas a la Muerte?

Antes de seguir adelante, me gustaría explicarte qué es lo que se conoce comúnmente como Experiencias Cercanas a la Muerte. Conocidas también por sus siglas ECM, se trata de vivencias extraordinarias y difíciles de explicar científicamente que vive una persona cuando se encuentra en una situación cercana a la muerte. Este tipo de experiencias suelen tener una serie de elementos comunes, independientemente de la cultura o del contexto personal del individuo. Por ejemplo, sentir una intensa paz, la percepción de estar flotando fuera del cuerpo, el reencuentro con seres queridos que ya han fallecido o la visión de una luz brillante que suele aparecer al final de un túnel.

A pesar del secretismo que las envuelve, el impacto que las ECM provocan en aquellos que las han experimentado (las hemos experimentado) es tan potente que, en los últimos tiempos, han despertado el interés de muchos investigadores, que buscan comprender su naturaleza desde enfoques neurocientíficos, psicológicos y espirituales, aunque, actualmente, no hayan encontrado una explicación lo bastante satisfactoria.

A la búsqueda de una explicación

Desde que en 1975 apareciera el libro *Vida después de la vida*, del psiquiatra norteamericano Raymond A. Moody, diversos investigadores han intentado encontrar una explicación al fenómeno desde diferentes enfoques, entre los que destacaremos los siguientes:

Teorías fisiológicas

En el momento de morir, el cerebro de los seres humanos experimenta una serie de cambios fisiológicos, algunos de los cuales podrían tener relación con las ECM. Por ejemplo:

- **Falta de oxígeno en el cerebro.** Tan solo diez o veinte segundos después de producirse un paro cardiaco y que se corte la llegada de oxígeno al cerebro, se pierde la consciencia. Cuando eso sucede, el electroencefalograma arrojaría un trazado plano que indicaría que la actividad cerebral cortical sería nula. Si esa falta de oxígeno se alargase más allá de los tres minutos, el daño neurológico sería ya irreversible hasta llegar a un punto de incompatibilidad con la vida por encima de los diez minutos.

  Aunque parezca una situación poco frecuente, los médicos de familia vemos a menudo situaciones de oxígeno bajo en la sangre, especialmente en cuadros crónicos de insuficiencia respiratoria. Cuando ese nivel de oxígeno desciende, el sujeto comienza a sufrir una gran confusión que, en ocasiones, deriva en alucinaciones. Sin embargo, a diferencia de lo que sucede con las ECM, en las que la experiencia está estructurada y sigue un esquema común en muchos aspectos, como que se recuerda perfectamente durante años de forma invariable y que, con frecuencia, genera cambios en el carácter de las personas, las alucinaciones provocadas por falta de oxígeno son desestructuradas y no siguen un patrón o una lógica narrativa.

- **Niveles elevados de CO_2 (hipercapnia).** Cuando, en lugar de bajos niveles de oxígeno en la sangre, lo que hay son niveles excesivos de CO_2, la persona puede tener la sensación de estar viviendo una experiencia extracorpórea en la que surjan recuerdos del pasado, sueños vívidos e incluso espasmos musculares. Sin embargo, ninguno de esos efectos genera relatos semejantes a los de las ECM.
- **Sustancias enteógenas.** El término *enteógeno* procede del griego y significa «generador de lo divino en el interior». A lo largo de la historia, el ser humano ha utilizado sustancias enteógenas en prácticas ceremoniales y rituales de diversas culturas para buscar la sanación de ciertas dolencias, por autoconocimiento o para expandir la conciencia. Entre esas sustancias están la dietilamida de ácido lisérgico (LSD), el cannabis, la mescalina, la ayahuasca, el peyote, la dimetiltriptamina (DMT) o la bufotoxina. Aunque provocan experiencias y alucinaciones parecidas a las de las ECM, lo hacen siempre de forma más azarosa y menos estructurada.

Algunos investigadores han explicado la relación entre los efectos de estas sustancias y algunas vivencias de las ECM por lo que han venido a llamar *la química de la ECM*. Para estos científicos, las Experiencias Cercanas a la Muerte tienen también un soporte orgánico que hace que las moléculas de las sustancias químicas antes citadas puedan tener ciertas partes en común con mediadores de la experiencia cerebral. En todo caso y a pesar de las incógnitas que rodean a este tema, lo que está claro es que no se puede afirmar que exista una sustancia que, hoy en día, replique una ECM, incluidos los fenómenos paranormales inexplicables y la transformación vital que conlleva.

- **Endorfinas.** En situaciones de gran estrés o dolor intenso, nuestro cuerpo produce estas pequeñas proteínas llamadas péptidos, que se unen con los receptores de los opioides del sistema nervioso central. Su finalidad es contribuir a la supervivencia del ser humano, pero en ningún caso generan experiencias semejantes a las ECM. Mientras que el efecto placentero y narcótico de los opiáceos dura un tiempo determinado, en las ECM la reincorporación al cuerpo conlleva, en la mayor parte de los casos, pasar del bienestar absoluto al dolor que experimentaría el cuerpo en estado normal. En mi caso, supuso pasar del bienestar absoluto al dolor de espalda provocado por la caída. De hecho, según investigaciones recientes, los opiáceos podrían bloquear las ECM típicas, por lo que no podríamos señalar a las endorfinas como una causa de tales experiencias.
- **Efecto de neuromediadores.** Neurotransmisores como el ácido gamma-aminobutírico (GABA) o el glutamato pueden generar respuestas fisiológicas que afectan al funcionalismo cerebral a diversos niveles, pero tampoco pueden compararse con la complejidad de las ECM.
- **Alteraciones neurológicas.** Hay ciertas alteraciones cerebrales, especialmente las que se producen en el lóbulo temporal, que generan experiencias similares a las visiones místicas si reciben estimulación eléctrica. Algunos enfermos de epilepsia, por ejemplo, suelen hablar de *arrobamientos místicos* o experiencias de conexión universal que, si bien pueden recordar a algunas particularidades de las ECM, carecen de su estructura y coherencia.
- **Mecanismos de autodefensa.** El cerebro tiende a la salud, por lo que, ante situaciones tan dramáticas como perder la vida, el cerebro puede reaccionar generando alucinaciones o

sentimientos placenteros. En todo caso, tampoco son efectos lo suficientemente intensos o reiterados como para equipararlos a una ECM.

Por todo lo anterior, aunque se han propuesto explicaciones científicas basadas en las neurociencias para entender el fenómeno ECM, ninguna lo hace de forma completa y satisfactoria. Por tanto, si queremos arrojar luz sobre este tipo de experiencias, es necesario avanzar un poco más en nuestra búsqueda.

LAS PIONERAS VISIONES CIENTÍFICAS

Cuando se empezó a estudiar el fenómeno de las ECM, se tardó muy poco en recoger miles de relatos en los que se observaban varios hechos comunes:

- Todos ellos seguían una estructura semejante en la que, sin aparecer todos los elementos en una misma experiencia, la integración de todos los casos permitía trazar un patrón común que permanece plenamente válido desde que lo formulara el doctor Raymond Moody en su libro *Vida después de la vida*.
- La persona percibía dichas experiencias como vivencias reales capaces de generar cambios vitales en ella.
- En ocasiones, esos hechos se asociaban a fenómenos paranormales de imposible explicación, que desafiaban ese enfoque únicamente materialista del que hablábamos antes. Por ejemplo, descripciones de lo que sucedía mientras el sujeto estaba inconsciente como si fuera un testigo externo, viajes a lugares en los que la persona no había estado (pero de los que regresaba con datos y conocimientos que han podido ser verificados), contacto con difuntos cuya muerte se desconocía en ese momento, lectura del pensamiento de otras personas durante la experiencia, conocimiento de hechos futuros o la

recepción de mensajes de difuntos con datos que no se conocían y que posteriormente se corroboraron.

Esta forma de abordar un fenómeno se denomina *retrospectiva*, porque interpreta los datos que se han recogido previamente. En todo caso, aunque resultó muy interesante y un primer paso para desarrollar las investigaciones de las ECM, también recibió muchas críticas por basarse en un fenómeno puramente subjetivo e incompatible con la ciencia, porque esta disciplina exige trabajar con datos que permitan ser verificados.

LOS ESTUDIOS PROSPECTIVOS

A pesar de su interés, los relatos de las ECM no podían diferenciarse de otras experiencias psicológicas comunes. Conscientes de esa limitación, un equipo holandés publicó en 2001 en la prestigiosa revista *The Lancet* un estudio que aportaba cierta objetividad sobre el fenómeno.

Este estudio, liderado por el cardiólogo holandés Pim van Lommel, era una investigación prospectiva iniciada en 1986 que estudiaba a un grupo de personas que habían sufrido un paro cardiaco. Diferenciaba entre aquellas que habían tenido una ECM y aquellas que no. El equipo de doctor Pim van Lommel estudió un total de trescientos cuarenta y cuatro pacientes procedentes de diez hospitales diferentes que habían sido reanimados con éxito de una parada cardiorrespiratoria.

En los cinco primeros días se les preguntaba si conservaban algún recuerdo del tiempo en el que se estuvo en paro cardiaco. Si la respuesta era positiva, se les hacía una entrevista individual en la que se les pedía relatar su vivencia. Las entrevistas volvieron a realizarse dos años y ocho años después, con la novedad de que se incorporaron preguntas relacionadas con sus habilidades sociales, sus creencias religiosas, sus ideas sobre la muerte y sus reflexiones acerca del sentido de la vida. Finalmente, se compararon las respuestas de los diferentes cuestionarios y se constató que los sujetos que habían experimentado una ECM se mostraban más empáticos, comprensivos, interesados en la espiritualidad, en el sentido de la vida, en el aprecio de lo cotidiano y que tenían un menor temor a la muerte que aquellos que no habían tenido una ECM. Tales resultados han sido confirmados por la decena de estudios prospectivos que, desde 2001, se han ido realizando en diferentes países.

EXPLICACIONES APOYADAS EN LA FÍSICA CUÁNTICA

En física, suele proponerse un modelo teórico que, de entrada, puede parecer contraintuitivo y que no se puede verificar en ese momento. Sin embargo, cuando se logra diseñar el experimento apropiado, se consigue verificar la exactitud de lo pronosticado. Aunque, hoy en día, la teoría de la relatividad general de Einstein es un pilar de la física, cuando se enunció, allá por 1915, muy pocos le prestaron atención. De hecho, no fue hasta el eclipse de 1919 cuando se pudo verificar la hipótesis, lo que no quiere decir que fuera errada en su origen. Con la física cuántica sucede una cosa parecida. Si bien se trata de una rama compleja y sutil de la ciencia que parte de unas concepciones sorprendentes y contraintuitivas, sus resultados en la física de las micropartículas son muy exactos, aunque entre su enunciado y su comprobación transcurra un determinado tiempo.

En este campo es notable la aportación del doctor Manuel Sans Segarra, que, en su libro *La supraconciencia existe*, expone de forma brillante la correlación que se da entre lo que ocurre durante las ECM y ciertos fenómenos de la física cuántica.

Aunque todavía es pronto para obtener conclusiones, estoy convencido de que este diálogo entre las ECM y la física cuántica arrojará luz a cuestiones relativas a la naturaleza de la conciencia, el tiempo y la realidad.

UNA VISIÓN SIMPLIFICADA QUE TE PUEDE SER ÚTIL

Antes de seguir adelante, me gustaría dar una visión más sencilla sobre la evidencia de este tipo de Experiencias Cercanas a la Muerte. A pesar de la variedad de explicaciones y puntos de vista, lo cierto es que todas ellas responden a dos grandes marcos teóricos:

- **Las explicaciones estrictamente materialistas.** A pesar de que no cuestionan la sinceridad de los narradores que relatan Experiencias Cercanas a la Muerte, sostienen que el fenómeno de las ECM responde exclusivamente a procesos cerebrales. La consciencia, entendida como el darse cuenta de lo que ocurre, aparece como un epifenómeno de nuestra capacidad neurológica; la *conciencia* no sería más que un nombre que damos a estos procesos internos.
- **Las explicaciones que reconocen la existencia de una parte inmaterial y trascendente.** A pesar de admitir la realidad física, tales interpretaciones consideran que existen elementos que sugieren la posibilidad de una dimensión fuera de nuestro cerebro y más allá de la materia. Este grupo integra tanto explicaciones basadas en la fe o en textos sapienciales como aquellas que se sustentan en experiencias espirituales profundas o en teorías científicas que exploran la fenomenología extraordinaria de la conciencia, aplicando sorprendentes similitudes con fenómenos cuánticos.

En cualquiera de los dos grupos, el debate entre los materialistas y los defensores de una realidad trascendente es tenaz, como demuestra una anécdota que le sucedió a Andrew Newberg, un neurocientífico que realizó un estudio sobre funcionalismo cerebral tomando como objeto de estudio a un grupo de monjas franciscanas mientras oraban. Según los resultados de la investigación, ciertas áreas del cerebro se activaban durante sus oraciones, por lo que, cuando Newberg presentó sus resultados en un congreso, los asistentes exclamaron entusiasmados: «¡Esas son las zonas que les hacen creer a las monjas que hablan con Dios!». Por su lado, cuando les presentó esos mismos resultados a las monjas, estas respondieron con el mismo entusiasmo, aunque en otro sentido: «¡Esas son las zonas que Dios usa para hablarnos!». En definitiva, y con independencia de cómo interpretemos las ECM, hemos de reconocer que aún queda mucho por descubrir sobre la mente y sus capacidades.

El debate no está definitivamente resuelto, entre otras cosas por la complejidad que conlleva explicar un fenómeno espiritual con herramientas estrictamente científicas o, mejor dicho, con las estrictamente científicas que existen hoy en día. Por tanto, y con independencia de cómo interpretemos las ECM, hemos de reconocer que aún queda mucho por descubrir sobre el cerebro, la mente y sus capacidades.

¿QUÉ HAY DE EXTRAORDINARIO EN LAS ECM?

Como decía el filósofo y psicólogo estadounidense William James: «Si quieren cuestionar la ley de que todos los cuervos son negros, basta con que demuestren que uno solo es blanco». En el caso de las ECM y, en general, respecto al momento de la muerte, existen fenómenos extraordinarios que no encuentran una explicación satisfactoria en argumentos exclusivamente materialistas. Se los ha denominado efectos sensoriales extraordinarios o fenómenos paranormales. Nos referimos a vivencias como:

- Percibirse fuera del propio cuerpo y transformarse en espectadores de lo que ocurre en su entorno o en lugares que a veces están a gran distancia, que son capaces de descubrir con gran exactitud.

- Capacidad de leer el pensamiento de las personas que observa.
- Conocimientos imposibles por los pacientes en su estado y verificados posteriormente como ciertos.

Aunque resulta innegable que estos fenómenos cuestionan nuestra experiencia cotidiana, algunos investigadores han realizado exhaustivas verificaciones para descartar explicaciones naturales o alucinatorias. En el libro *El yo no muere: fenómenos paranormales verificados durante Experiencias Cercanas a la Muerte*, Titus Rivas, Anny Dirven y Rudolf H. Smit recopilan casos minuciosamente documentados y aportan una reflexión crítica sobre los argumentos escépticos. En su segunda edición online, incluye ciento veintiocho casos; destaca el rigor a la hora de comprobar su veracidad y la sutileza en el análisis del fenómeno.

Lo más fascinante de las ECM es que, más allá de los resultados científicos, son muchos los médicos que también las han experimentado. Para no hablar siempre de mí, citaré al doctor George G. Ritchie, autor del libro *Regreso del futuro*. En él, este psiquiatra describe la ECM que experimentó en 1943 mientras cumplía su servicio militar. El hecho le marcó tan profundamente que fue una de las razones por las que decidió estudiar Psiquiatría y compartir su vivencia a través de la escritura de libros y conferencias.

Entre los asistentes a una de las conferencias de Ritchie se encontraba un joven Raymond Moody, psiquiatra y filósofo que, inspirado por lo que escuchaba, decidió investigar el tema. El resultado fue *Vida después de la vida*, un libro en el que entrevistaba a unas ciento cincuenta personas que habían atravesado experiencias similares.

La lista de profesionales de la medicina que han experimentado o se han interesado por las ECM va mucho más allá de Moody y Ritchie. El doctor Bruce Greyson, por ejemplo, comenzó a interesarse por el tema después de atender en calidad de psiquiatra a una paciente universitaria internada tras un intento de suicidio. El día después de los hechos, la joven fue capaz de describir escenas ocurridas en otra sala e incluso fragmentos de la conversación que el doctor Greyson mantuvo con su compañera de cuarto, además de un hecho tan curioso como la referencia a una mancha de tomate en la corbata del médico. Como resultado de este interés, Greyson escribió *Después de la muerte: un acercamiento médico sobre las experiencias cercanas a la muerte, la vida y el más allá.*

Por su parte, el neurocirujano y profesor de la Escuela de Medicina de Harvard Eben Alexander sufrió una grave meningitis que lo llevó a vivir una ECM. A pesar de que siempre se había declarado escéptico, la experiencia transformó profundamente sus convicciones, que más tarde relató en su libro *La prueba del cielo: el viaje de un neurocirujano a la vida después de la vida.*

Para acabar con esta muestra de científicos relacionados con las ECM, citaré el caso del doctor Sam Parnia, profesor de la Universidad Estatal de Nueva York y autor de *Resurrecciones: la ciencia que está borrando la frontera entre la vida y la muerte*, un libro surgido después de que uno de sus pacientes le relatase haber sido testigo desde fuera de su cuerpo de lo que ocurría en la sala de reanimación mientras el doctor Parnia luchaba por mantenerlo con vida incluidos ciertos pensamientos privados del propio doctor Parnia (pensamientos que nunca había verbalizado).

Si bien es cierto que resulta muy llamativo que profesionales de la medicina y científicos confirmen la existencia de las ECM (e incluso las hayan vivido en sus propias carnes), muchas otras personas, entre las que se encuentran varios actores y actrices de fama internacional, han compartido este tipo de experiencias.

En 2001, la actriz estadounidense Sharon Stone sufrió una hemorragia cerebral que derivó en una ECM que la artista ha relatado en diferentes entrevistas. Además de hablar de acontecimientos comunes a estas vivencias, como tener la sensación de salir de su cuerpo, sentir una paz profunda y estar ante un «túnel de luz», Stone reconoció que aquello cambió su visión de la vida y la muerte.

Antes que ella, Elizabeth Taylor ya había narrado la ECM que vivió durante una cirugía que le practicaron allá por los años sesenta. En ella, se habría encontrado con su difunto esposo, Mike Todd. Aunque sintió un gran amor y paz en la experiencia, decidió regresar a la vida.

Otra doctora, en esta ocasión en la ficción, la actriz Jane Seymour, conocida por su papel en *La doctora Quinn*, experimentó una ECM provocada por una reacción alérgica a una inyección de penicilina administrada durante un rodaje en España. Según Seymour, «salió de su cuerpo», sintió una paz increíble y vivió una conexión con algo mayor, sentimiento que la marcó profundamente a partir de entonces.

Este cambio vital de las ECM también influyó en un personaje tan malvado como el de J. R. de la serie *Dallas*, o al menos en el actor que lo encarnaba. Según reveló en diferentes entrevistas, tras ser sometido a una operación en el hígado, Larry Hagman sintió una profunda paz que, posteriormente, hizo que se interesase por ciertas técnicas de meditación y por la espiritualidad.

También la vida de Peter Sellers, actor británico, famoso por su papel del inspector Clouseau, cambió en 1964, cuando sufrió un infarto masivo a consecuencia del cual experimentó una ECM que cambió la forma de encarar su carrera y su vida personal, hasta entonces caracterizada por los excesos.

El fenómeno de las ECM también es común a personalidades mediáticas españolas. Por ejemplo, la cantante Ainhoa Arteta, el actor Antonio Resines, el escritor Antonio Gala o la psicóloga Alejandra Vallejo-Nágera han relatado sus ECM. La lista podría alargarse mucho más, e incorporar a personalidades pertenecientes a otros colectivos y nacionalidades, como el expresidente de Colombia Ernesto Samper en 1979 tras un brutal atentado, habida cuenta de que las ECM son experiencias universales, compartidas por personas de todo el mundo, independientemente del estatus, la nacionalidad o el nivel cultural.

CIENCIA Y ESPIRITUALIDAD: ¿DOS CAMINOS HACIA LA MISMA VERDAD?

Aunque actualmente las neurociencias todavía no pueden dar una explicación científica a las ECM, son demasiados los indicios que impiden que se pueda refutar completamente la existencia del más allá. Ante semejante escenario y mientras no tengamos una única explicación satisfactoria, las ECM nos invitan a vivir nuestra existencia de manera más consciente y plena, como recuerda un conocido cuento oriental protagonizado por un barquero y un erudito:

> Érase una vez un barquero cuya vida, desde hacía años, se limitaba a ir de un lado al otro del río trayendo y llevando a personas y mercancías. Un buen día se presentó ante él un famoso erudito, conocido por dominar todos los ámbitos del saber. Mientras navegaban, el sabio le preguntó al barquero cuáles eran sus conocimientos sobre astronomía, matemáticas, historia, filosofía y otras disciplinas, a lo que el barquero no pudo más que responder que ninguno. «Señor, desde pequeño, mi vida se reduce a traer y llevar viajeros, y mi mundo no alcanza más allá de las dos orillas de este río». «Lástima —sentenció arrogante el erudito—. Ignorar todo ese saber es equivalente a haber perdido la mitad de su vida». Poco después de que el sabio pronunciara estas palabras, se abrió una vía de agua en el casco de la embarcación, que comenzó a hundirse cuando aún se encontraba en mitad del río. «Señor, ¿sabe usted nadar?», interrogó temeroso el barquero al erudito, que, sorprendido, respondió: «No. Mi vida ha transcurrido siempre rodeada de libros». «Lástima —se lamentó el barquero antes de arrojarse al río—. Ignorarlo le va a costar la vida entera».

Independientemente de nuestra preparación, estudios o bienes, todos estamos en igualdad de condiciones ante la muerte. Cuando llegue tu día o el de un allegado tuyo, lo importante será que tus creencias te ayuden a vivir ese momento de la mejor forma posible.

Por lo que a mí respecta, antes de mi ECM me definía como una persona materialista con una ética humanista. Tras mi Experiencia Cercana a la Muerte, mis creencias sufrieron una profunda transformación. Se me reveló que la muerte no es el final de la conciencia, sino un tránsito necesario para acceder a una trascendencia en un plano superior, y aprendí que, aunque parezca una paradoja, la proximidad de la muerte nos enseña a amar la vida aún más.

3
La transformación tras la ECM

Quiero hacer contigo lo que
la primavera hace con los cerezos.
PABLO NERUDA

CÓMO CAMBIAN LAS ECM LAS VIDAS DE QUIENES LAS EXPERIMENTAN

Sin apenas darme cuenta, fui comprobando que, después de mi Experiencia Cercana a la Muerte, mis intereses y mis valores fueron cambiando. No se trató de una revelación repentina, sino de algo paulatino que se desarrolló a medida que iba profundizando en lo sucedido y me iba comprometiendo con ello.

Consolar a Nadia, la madre del joven atropellado, me llevó a compartir en Facebook lo que me había sucedido. En ese momento, una persona rescató mi relato y me pidió permiso para hacer un episodio de su canal de YouTube. A partir de ahí, otros canales se hicieron eco y me pidieron entrevistas. Gracias a esa atención, obtuve una presencia mediática que no había buscado. Desde el primer momento, podría haber roto esa cadena, pero, sin saberlo, mi entrega hacía que ascendiera a otro nivel, que continuó con la redacción del presente libro sobre mi experiencia. Decidí que fuera un texto en el que, además de contar el hecho que desencadenó todas estas vivencias, también narrase cómo, en muy poco tiempo, mi visión del mundo y mi propósito para el resto de mi vida se transformaron casi completamente.

Aunque en un primer momento lo desconocía, cuando comencé a revisar la bibliografía sobre las ECM —primero para entender qué me había sucedido y, más tarde, para escribir este libro—, comprobé y recordé que el de los cambios en los sujetos es un tema relevante y que muchos autores han tratado. Según los testimonios recopilados, la intensidad de las Experiencias Cercanas a la Muerte y la imposibilidad de explicarlas con los conocimientos científicos actuales dejan una huella perdurable en la vida de quienes las experimentan.

Por tanto, no es raro que las personas que han vivido una ECM afirmen que sus prioridades han cambiado sustancialmente y que incluso han perdido el miedo a la muerte. Las ECM son una suerte de punto de inflexión vital a partir del cual lo material pierde importancia, mientras que las relaciones interpersonales y el crecimiento espiritual pasan a ocupar un lugar central.

PATRONES COMUNES TRAS VIVIR UNA ECM

Desde su publicación en 1975, el libro de Raymond Moody *Vida después de la vida* suscitó gran interés en el público general y se convirtió en un gran éxito de ventas. Los que recuerdan la televisión de aquellos años tendrán presente los programas del doctor Jiménez del Oso o los monográficos sobre el tema en revistas de misterio y ciencias ocultas. A pesar de que ha transcurrido casi medio siglo desde entonces, el tema de las Experiencias Cercanas a la Muerte ha seguido inspirando trabajos científicos y, con mayor o menor intensidad, continúa siendo un contenido habitual de revistas, programas de radio y espacios televisivos que, no pocas veces, provocan controversia entre escépticos y convencidos. No obstante, y sin ánimo de entrar en tales discusiones, hay dos hechos innegables relacionados con las ECM:

- Aunque varíen en ciertos detalles, algunos de los cuales pueden atribuirse a las limitaciones del lenguaje y a ciertas influencias culturales, es posible identificar patrones comunes en miles de narraciones cuya esencia no ha cambiado ni en los relatos históricos que se han ido recopilando a lo largo del tiempo ni en la de aquellos nacidos posteriormente a la aparición de *Vida después de la vida* a mediados de los años setenta.

- Entre las muchas coincidencias de todos esos relatos, se cuentan cambios profundos de carácter positivo entre los que destacan:
  - Desaparición del miedo a morir.
  - Cambio en los valores personales.
  - Sentido de propósito renovado.
  - Mayor empatía y compasión.
  - Sensación de conexión con el todo.
  - Transformación en las creencias religiosas o espirituales.
  - Visión positiva de la vida.
  - Menor apego a lo material y más altruismo.
  - Mejor predisposición a perdonar o no instalarse en el rencor.
  - Disminución del ego.
  - Cambios en las relaciones por disonancia de valores.
  - Sensación de paz interior y mayor tolerancia respecto a los contratiempos del día a día.
  - Aumento de la intuición, a veces con capacidades sanadoras.
  - Mayor creatividad y apreciación por el arte.
  - Necesidad de autenticidad.

Si bien la intensidad y el tipo de cambios varían según las personas, sus creencias previas, su cultura y su entorno, la ECM deja, casi siempre, una marca indeleble en la vida del individuo. Diferentes estudios, como los realizados por los doctores Bruce Greyson, Peny Sartori o Pim van Lommel, demuestran que, tras una experiencia de este tipo, muchas personas experimentan una revaluación total de sus vidas, y se sienten impulsadas a vivir de acuerdo con valores más elevados y alejados de los intereses materiales. De hecho, los estudios prospectivos del doctor Van Lommel ya referidos mostraban que aquellos que habían sufrido un paro cardiaco, que requirieron técnicas de reanimación cardiopulmonar y que, además, habían pasado por una ECM también habían experimentado cambios vitales en relación con sus valores y propósitos, cosa que no había sucedido, o no en la misma proporción, con los que tan solo habían sobrevivido al infarto.

Más allá de esto, resulta innegable que las Experiencias Cercanas a la Muerte tienen efecto en las personas incluso cuando no las ha vivido directamente. Así lo prueban seis estudios realizados por el doctor Greyson entre estudiantes de Enfermería, los cuales mostraron una mejor disposición hacia la muerte tras asistir a un curso sobre ECM. De igual manera, conocer este tipo de experiencias también ha resultado beneficioso para personas con tendencias suicidas; por lo demás, en lo que se refiere a los sujetos que están atravesando un duelo, sus sentimientos de ansiedad, ira o culpa pierden intensidad a la luz de las ECM, al tiempo que ganan espacio los sentimientos vinculados con las ganas de vivir.

No obstante, y a pesar de estos beneficios, no todo es color de rosa. Se estima que sus protagonistas califican alrededor del cinco por ciento de las ECM como desagradables o incluso de terroríficas. La intensidad de este tipo de vivencias no siempre es fácil de asimilar.

EL VERDADERO CAMBIO ES INTERIOR

Cada ECM es única, del mismo modo que únicos son sus protagonistas. No obstante, hay ciertas transformaciones internas tanto en lo que se refiere al aspecto emocional como a la psique del sujeto, las cuales tienden a ser permanentes y afectan a cómo, a partir de entonces, la persona percibe la vida y la muerte. Entre los cambios que se han identificado con mayor frecuencia están:

- **Cambio de valores y prioridades.** Las personas que han vivido una ECM suelen perder el interés por lo material; al mismo tiempo, las relaciones personales y la conexión con los demás se tornan esenciales. En todo caso, tal transformación no siempre sucede de manera inmediata; en ocasiones, requiere un periodo de reflexión que puede abarcar semanas, meses o incluso años. Todo dependerá de la edad, el género, la cultura o la personalidad de cada uno. Las personas con creencias espirituales más arraigadas, por ejemplo, tienden a integrar más fácilmente la experiencia, mientras que aquellas con un enfoque más materialista de la vida se enfrentan a las ECM con mayor desconcierto.

  Lo que sí es habitual es que esa necesidad de vivir de manera más auténtica provoque que, con frecuencia, estos individuos emprendan esas aventuras personales, empresariales o profesionales que no se habían atrevido a poner en marcha en el pasado, que propicien reencuentros con familiares y amigos que no veían desde hace tiempo o que se vinculen a iniciativas de voluntariado para ayudar a los demás.
- **Cambios en la actitud hacia la vida y la muerte.** Mucho antes de que se inventase la escritura, la tradición oral ya daba testimonio de que el temor a la muerte es uno de los miedos atávicos del ser humano. En todo caso, tampoco hay que irse a fuentes lejanas para saber que, bien por su carácter desconocido, bien por lo que pueda implicar de dolor y sufrimiento, el ser humano no se siente cómodo en lo que se refiere a su finitud. Tan solo tenemos que preguntárnoslo a nosotros mismos para tener la respuesta. No obstante, las personas que han experimentado una ECM suelen reducir e incluso perder por completo ese temor a la muerte, al comprobar que ese hecho vital no es un final, sino una transición natural que forma parte de la propia existencia.

Este cambio de paradigma no solo reduce el miedo a la muerte en el sujeto, sino que también transforma la forma en que vive la realidad cotidiana. Las personas que han vivido una ECM suelen sentirse más libres, acostumbran a valorar más el presente y dejan de preocuparse por el futuro. Este cambio de actitud redunda en una mayor autonomía personal, una mayor madurez a la hora de tomar decisiones en la vida, un aumento de su templanza a la hora de enfrentarse a los imponderables cotidianos y una mayor predisposición a relacionarse con sus semejantes.

- **Sensación de conexión con una realidad superior.** Otro de los puntos coincidentes en muchos de los testimonios relativos a las ECM es el de la conexión con algo más grande que uno mismo. Según la cultura y la personalidad del sujeto, esta sensación se interpretará de muy diversas formas; abarcará desde la conexión con Dios a la unión con el universo o, sencillamente, con un estado de conciencia más elevado. Como sucede en otros de los efectos mencionados, esa sensación de unidad persiste en la vida cotidiana de aquel que ha vivido una ECM y suele contribuir a incrementar la empatía por los demás o a experimentar una mayor inclinación hacia el servicio al prójimo y la compasión. Incluso aquellas personas que tenían profundas creencias religiosas antes de experimentar una ECM pueden ver cómo esas convicciones se transforman: en ocasiones se fortalecen y, en otras, su concepto de lo sagrado se puede transformar.
- **Agudización de la intuición y la empatía.** Las personas que han vivido una ECM también suelen desarrollar una mayor empatía hacia los sentimientos de los demás. A partir de dicha experiencia son más receptivos al sufrimiento de sus semejantes y, en ocasiones, tal vez se sientan motivados a ayudar por la intensidad de esas emociones o, incluso, obligados a asumir ciertas responsabilidades para con los demás. En ciertos casos, los menos, dicho sea de paso, también pueden surgir habilidades cercanas o semejantes a la precognición o la telepatía.

Aunque está claro que muchos de estos fenómenos no ocurren en todos los casos ni, por el momento, se pueden explicar científicamente, sí puedo asegurarte que son lo suficientemente comunes como para que estudiosos del tema, entre los que se encuentra el profesor emérito de Psicología en la Universidad de Connecticut Kenneth Ring, los hayan identificado como parte de los cambios tras una experiencia cercana a la muerte.

- **El proceso de integración.** Integrar todas estas vivencias en la vida cotidiana no siempre es un proceso sencillo para aquellos que las protagonizan. Para muchos, la ECM supone una ruptura con su modo de entender el mundo y de afrontar la vida, por lo que requieren de un periodo de ajuste cuya duración varía según el sujeto y sus circunstancias personales o sociales. En todo caso, ese proceso resulta imprescindible para que la ECM aporte beneficios sin provocar conflictos emocionales o psicológicos, por lo que no se aconseja forzar etapas para quemarlas antes de tiempo ni cerrarlas en falso sin que hayan sido interiorizadas convenientemente.
- **La influencia del tiempo.** Como cualquier proceso, toda esta etapa de reflexión y ajuste que se desencadena a partir de una ECM no se mantiene estable y constante con el tiempo. En un primer momento, las personas acostumbran a sentirse abrumadas y sobrepasadas por lo que han vivido, hasta el punto de no ser capaces de encontrar palabras con las que describir lo sucedido, si es que el pudor o el miedo a ser juzgados les permite verbalizarlo y compartirlo. Incluso cuando toman esta decisión, la dificultad para transmitir a los demás lo que han vivido se erige como un obstáculo en su comunicación.

A medida que transcurre el tiempo, surgirá un periodo de reflexión que afectará tanto a la naturaleza de la experiencia como a la nueva realidad del sujeto que, a partir de entonces, se analizará a través del prisma de la ECM. ¿Cómo integro lo que he aprendido? ¿Cómo puedo vivir de acuerdo con estos nuevos valores que he descubierto? ¿Qué cambios debo hacer en mi vida para que resulte más acorde con mis nuevos sentimientos? Serán algunas preguntas que se planteará. En muchos casos, las respuestas llegan de manera gradual, obligando en ocasiones a cambiar el estilo de vida anterior.

Por último, hay que tener presente que el proceso de integración también puede verse condicionado por la profundidad de la ECM. Aquellos que han tenido experiencias más intensas o reveladoras suelen experimentar un cambio más rápido y profundo. Por su parte, es posible que los sujetos cuya ECM fue menos vívida o emocional tarden más en incorporar esos cambios a su vida.

- **La influencia del entorno.** Otro de los factores clave a la hora de gestionar los efectos de una ECM es el entorno al que regresará la persona tras vivir esta experiencia transformadora. Puedo afirmar con pleno conocimiento de causa que, si se cuenta con una tupida red de apoyo dispuesta a escuchar su testimonio y a validarlo sin juzgar lo sucedido, la tarea de incorporar los aprendizajes de la ECM en la vida diaria será más sencilla. Del mismo modo, si la persona vive en un entorno hostil o que cuestiona la veracidad de lo narrado, el proceso se tornará más complicado. De hecho, esa falta de apoyo emocional, sumada al escepticismo de amigos y familiares, puede aislar a la persona de su entorno, dificultando así el proceso de integración de la ECM y añadiendo angustia e incomprensión a una situación que ya de por sí resulta complicada.

  El efecto transformador de las Experiencias Cercanas a la Muerte hace que muchas personas sientan que ya no encajan en su círculo social. Esta sensación se acentúa cuando amigos y familiares desconfían de su relato o cuando los nuevos valores y perspectivas de vida surgidos de la ECM no se ajustan a los de aquellos. Si no se ataja a tiempo, esta actitud puede ser una fuente de angustia para la persona y contribuir a la aparición de problemas emocionales o psicológicos.

Por último, no hay que olvidar que la integración de lo aprendido en la ECM depende también de factores culturales. Las personas que viven en sociedades como la de la India, en la que las Experiencias Cercanas a la Muerte son experiencias espirituales válidas, contarán con más facilidades a la hora de compartir y procesar lo que vivieron que aquellas que viven en contextos más materialistas o escépticos, como, por ejemplo, los países occidentales.

4
Los cuatro poderes sanadores de las ECM

> No llores porque haya terminado;
> sonríe porque ocurrió.
> DOCTOR SEUSS

Cuando comencé a investigar las Experiencias Cercanas a la Muerte a partir de mis propias vivencias y profundicé en ellas a través de la lectura de otros testimonios, me sorprendió el impacto que ese fenómeno provocaba en las personas. Pronto me di cuenta de que ese efecto transformador de la ECM no era un evento pasajero, sino algo que afectaba a lo más profundo de la psique y reordenaba cómo las personas concebían la existencia, la muerte y su propósito en la vida.

No te engaño si te digo que me resultó fascinante descubrir, a través de relatos de otras personas, documentales, portales de internet especializados, ensayos científicos y vídeos de testimonios, que —si bien cada ECM es única— las transformaciones que experimentaban sus protagonistas estaban asociadas a cuatro momentos clave de la experiencia vivida, los cuales marcaban otros tantos puntos de inflexión en el proceso de cambio personal que seguía a la ECM.

En mi caso, el momento clave fue la revisión de vida, una experiencia profundamente introspectiva en la que reviví mis acciones, mis decisiones y el impacto que habían tenido en los demás. Para otras personas, sin embargo, el momento transformador era ese estado de conexión y felicidad que describían como una sensación de unidad absoluta con el universo o una paz indescriptible. Otros testimonios, en cambio, sentían que el núcleo de su ECM había sido el reencuentro con seres queridos fallecidos, un momento de amor y reconciliación que cambiaba su perspectiva sobre la muerte. Finalmente, había quienes salían de la ECM sintiendo que habían sido llamados a una misión personal o a una vida más alineada con un propósito superior.

Estos cuatro momentos clave se repetían constantemente en los relatos, y, aunque la intensidad o relevancia de cada uno variaba de un individuo a otro, todos compartían un aspecto común: marcaban el inicio de un cambio profundo. De hecho, fueron estas coincidencias las que me llevaron a conceptualizar lo que más tarde llamé los cuatro poderes sanadores de las ECM, las cuatro fuerzas transformadoras que no solo dan sentido a esa experiencia, sino que ofrecen herramientas poderosas para afrontar la vida y la muerte con una nueva comprensión.

Me considero una persona afortunada por pertenecer al selecto grupo de individuos que piensan que su ECM ha sido una bendición con la cual han experimentado un cambio profundo que les ha puesto en la senda de una vida más significativa y feliz. Como médico con muchos años de práctica, no han sido pocos los casos en que he sido testigo del sufrimiento que rodea a la muerte. Es una situación que, tras mi ECM, me llevó a preguntarme de qué manera podría aliviarlo. La conclusión a la que llegué fue que, en todas las ECM, es posible identificar cuatro poderes que funcionan como instrumentos de cambio profundo tanto para aquellos que han experimentado una situación semejante a la mía como por cualquier persona que no ha tenido esa suerte. Los poderes en cuestión son:

- **Conexión.** Como parte del universo, el ser humano se integra en un todo.
- **Comunicación y amor.** El amor y la gratitud nos proporcionan felicidad, por lo que, al final, lo único que importa es el amor. Saber que nadie muere solo y que aquellos que te amaron acuden a recibirte aporta fortaleza a las puertas de la muerte.
- **Revisión y perdón.** Reconocer el impacto que nuestras acciones tuvieron y tienen en los demás permite lograr la paz interior.

- **Propósito.** Toda persona tiene la oportunidad de dirigir su existencia guiada por una serie de propósitos útiles y valiosos para ella mientras está en la Tierra.

Si me permites, a continuación, me gustaría desarrollar cada uno de estos poderes y conectarlos con mi experiencia personal; posteriormente, regresaré a ellos en otros capítulos para ponerlos en relación con una serie de herramientas generales y tareas prácticas que se pueden aplicar a diversas situaciones y contribuir así a mejorar la vida y minimizar el miedo a la muerte.

EL PODER DE LA CONEXIÓN

Como les ha sucedido a otras personas, durante mi ECM experimenté una profunda conexión con todo lo que me rodeaba. Si tuviera que escoger una palabra para definir lo que sentí, diría que fue una fusión, una auténtica fusión con el todo. Por unos instantes, dejé de ser una gota para convertirme en el océano. Cuando pienso en ese momento, me vienen a la cabeza las palabras de Carl Sagan cuando decía que somos «polvo de estrellas», porque, desde la concepción, nuestro cuerpo se forma aglutinando materia; a medida que transcurre nuestra vida, vamos agregando y liberando átomos, hasta devolverlos todos al universo al final.

Lo que no decía Sagan es que, a través del ego, nuestra mente nos aísla y nos diferencia del resto. Por ello, cuando expandimos nuestra conciencia mediante prácticas como la meditación, el *mindfulness* o la contemplación de la naturaleza, podemos percibirnos desde otros puntos de vista, al igual que sucede con las ECM. Por ejemplo, el punto de vista del *yo observador* o el del *yo real*, ese que nos permite ir más allá del personaje que interpretamos en la vida diaria, desmontando así la ilusión de que somos únicos y especiales. Es cuando nos colocamos en esa nueva posición cuando experimentamos la unidad y comprendemos que nosotros y lo que nos rodea somos lo mismo.

Aunque muchos son los testimonios que confirman este sentimiento, me gustaría recordar el de Marta, una mujer que experimentó una ECM después de sufrir un grave accidente de tráfico. Durante el tiempo que duró su Experiencia Cercana a la Muerte, se sintió «flotando» en un espacio en el que había una luz muy brillante. En ese momento, percibió que era una con el universo, que formaba parte de algo mucho más grande y que toda la vida estaba interconectada hasta el punto de que no existía separación alguna entre ella y el mundo que la rodeaba.

Tras su recuperación, esta sensación de ser parte del todo transformó por completo su visión del mundo. Si bien antes del accidente Marta vivía con una gran sensación de soledad, tras la ECM comenzó a ver la vida como una experiencia compartida con todos los seres vivos y la naturaleza. Desde entonces, se sintió más conectada con el entorno, con las personas que la rodeaban, y esta comprensión profunda de la interconexión la ayudó a vivir de manera más compasiva, abrazando la vida con una mayor apertura y generosidad hacia los demás.

EL PODER DE LA COMUNICACIÓN Y EL AMOR

Si tuviera que elegir uno de los capítulos más emotivos de mi ECM, creo que no me equivocaría si dijera que fue el reencuentro con mi amigo Tomás José. Nuestra amistad siempre fue recíproca, pero con el tiempo comprendí que él había dado mucho más que yo, sencillamente porque su alma era más generosa que la mía. Cuando poco antes de que falleciera le pregunté en qué ocupaba su tiempo, me respondió: «Rezo por ti; es lo único que puedo hacer desde la cama». Tomás José nunca se quejó. Mi amigo vivía en una aceptación plena de «lo que Dios quiera», y durante mi ECM, sentí que ambos deseábamos abrazarnos. Si él no me lo permitió fue porque, como ya he comentado al relatar mi ECM y he constatado por otros testimonios, los difuntos rechazan los abrazos, pues, de hacerlo, el otro no podría regresar a la vida. Cuando me hice consciente del sentido profundo de esa renuncia, lloré en silencio por la inmensa generosidad de Tomás José.

Son muchos los relatos de personas que han vivido una ECM en los que el reencuentro con seres queridos fallecidos es el instante más emotivo. Tanto es así que la decisión de regresar a la vida suele estar motivada no por el miedo, sino por el amor a los que aún están aquí. Frases como «tienes que volver por tus hijos» o «te necesitan en la Tierra» son comunes; de este modo, se demuestra que, para algunos, el amor es más fuerte que la muerte.

Independientemente de que se sea escéptico o creyente, ateo o religioso, la realidad material es la misma para todos: la muerte implica una despedida dolorosa desde el momento en que no volveremos a tener físicamente a nuestros seres amados. No obstante, si preparamos ese momento y lo vivimos desde el amor, podremos transformar el sufrimiento en un proceso de sanación. Tomemos como ejemplo de ello otro testimonio de una persona que también vivió un ECM.

Al principio de dar a conocer mi historia entre mis conocidos, llamé a una amiga de toda la vida y acabé relatándole lo que había vivido. «Cuando José Morales me contó su experiencia, me sorprendió tanto que se lo expliqué a una de mis vecinas, Carmen. Al terminar, Carmen me dijo: "Algo parecido le ocurrió a Carlos, mi marido"». Según me detalló mi amiga, cuando su esposo tenía cuarenta y cinco años sufrió un infarto durante el cual perdió el conocimiento. Aunque no vio túneles ni lugares maravillosos, sí recordaba haber estado con su abuela, que había vivido con ellos hasta que falleció mientras él estaba en la universidad.

Según su visión, la abuela aparecía más joven de lo que él recordaba; sin embargo, más allá de este detalle, no había duda de que era ella. Le sonreía como solía hacerlo y le transmitió un profundo sentimiento de paz y amor incondicional. Aunque no hubo palabras, se le quedó profundamente grabada esa sonrisa por la bondad y el cariño que desprendía.

Cuando, una vez en casa, se lo contó a Carmen, ella lo interpretó como una ensoñación de su marido; no obstante, en los siguientes meses, comprobó que su esposo había cambiado mucho. Carlos siempre había sido muy temperamental, a veces incluso brusco, pero después del infarto lo notaba más cariñoso y paciente tanto con ella como con los niños. Cuando alguna vez Carmen se lo hizo notar, él le respondía que, desde esa experiencia, veía las cosas de otra manera: cuando recordaba la sonrisa de su abuela, se daba cuenta de que el cariño en la familia es lo primero, de que no hay que enfadarse por tonterías.

EL PODER DE LA REVISIÓN Y EL PERDÓN

La revisión empática de mi vida fue quizá la vivencia más intensa y transformadora de mi ECM. Por primera vez en mi vida, sentí el impacto de mis acciones y de mi falta de amor hacia los demás. Una dolorosa epifanía que me hizo lanzar ese grito de «¡Debo limpiar mi karma!». Aunque ahora pueda sonar melodramático, en aquel momento resultó profundamente sincero. Fue un efecto colateral del amor y la confirmación de que, a partir de entonces, estaba convencido de buscar un nuevo propósito de vida que me pondría en el camino del perdón y la reparación.

Aunque pueda resultar sorprendente, perdonar a los demás fue relativamente sencillo; perdonarme a mí mismo, sin embargo, exigió mucho más esfuerzo. Ser capaz de comprender que lo que consideraba maldad era, en realidad, falta de amor, me llevó a dejar de lado la culpa y crecer en compasión. En ese sentido, el perdón, tanto hacia uno mismo como hacia los demás, es un proceso continuo de autoexamen y reinterpretación del pasado en el que la reflexión y las ganas de mejorar deben ocupar el lugar de la culpa.

Cuando reflexiono sobre este tema, recuerdo cómo, a lo largo de mis años de médico, vi con cierta frecuencia a personas con profundos daños emocionales por afrentas o culpas no resueltas. Heridas que, muchos años después, continúan generando malestar, como sucedía con gran parte de los casos que la doctora Elisabeth Kübler-Ross recopila en su libro *La rueda de la vida*. Según esta psiquiatra suizoestadounidense, uno de los dos lamentos más frecuentes al final de la vida es el que hace referencia a las relaciones malogradas, en muchos casos, por motivos banales e irrelevantes.

Aunque resulte un tanto ingenuo recordarlo aquí, perdonar significa renunciar al rencor, a la venganza y a la necesidad de reparación, pero no implica necesariamente reconciliarse. Si el trato con el otro resulta perjudicial, lo mejor es mantener la distancia; sin embargo, el perdón permite que el sufrimiento cese, a pesar de que el otro no haya sido castigado, porque, cuando el conflicto no se puede resolver mediante la justicia humana, perdonar es una necesidad para la víctima.

De igual manera, perdonarse implica reconocer que se ha perjudicado a otro y entender que tu propio sufrimiento, por más grande y dilatado en el tiempo que sea, no repara nada. En tales situaciones, el compromiso de no volver a repetirlo y, si es posible, reparar proporcionalmente el daño, es lo que aporta paz. De hecho, reconocer el propio error también resulta sanador para el agraviado, que suele restarle importancia al hecho que originó el conflicto. No obstante, incluso cuando el otro prefiere continuar con el enfrentamiento, como no es algo que dependa de nosotros, ya podremos decirnos: «Yo no soy responsable de lo que tú hagas con mis errores». A partir de ese momento, podemos vivir con la tranquilidad de haber actuado correctamente.

Este tipo de reflexiones me ha recordado lo vivido por Ana tras una ECM. Durante una complicación médica, experimentó una revisión panorámica de su vida. Contempló con claridad todas las interacciones y momentos clave, tanto aquellos que había vivido con orgullo como esos de los que se arrepentía y avergonzaba. En particular, observó un momento en el que había herido emocionalmente a un amigo cercano sin que ella fuera del todo consciente. Sin embargo, durante esta revisión sintió una comprensión profunda de sus propias acciones, de las emociones de su amigo y de las circunstancias que condujeron al conflicto. La visión global le permitió perdonarse a sí misma, sentir empatía por esa persona de una manera que antes no había sido posible y ser consciente de la necesidad de reparar el daño. En una conversación posterior con su amigo, Ana sacó el tema y le pidió disculpas; el agraviado las aceptó restándole importancia.

Después de integrar su ECM, Ana llegó a sentir una profunda paz interior porque el dolor con el que había cargado durante años por los errores del pasado se disolvió. En su lugar surgió un sentido de perdón y comprensión que le alivió y la ayudó a gestionar su vida a partir de entonces. La ECM le mostró una nueva forma de encarar los conflictos y las relaciones; a partir de entonces, empezó a buscar la paz interior a través del perdón y la empatía, tanto hacia los demás como hacia sí misma.

Si te parece bien y para poner fin a este apartado, te invito a hacer un autoexamen de tus culpas, rencores, conflictos y deudas. Si lo consideras, intenta solucionar aquellos que puedan resolverse con la reparación y el perdón.

EL PODER DE CREAR UNA VIDA CON PROPÓSITO

El deseo de reparar lo que había hecho mal que surgió tras mi ECM redefinió mis valores y le dio un nuevo sentido a mi existencia. A partir de ese momento, comprendí que actuar de acuerdo con nuestros valores reales, no aquellos que verbalizamos para encajar socialmente, resulta crucial para vivir una vida con propósito. También me di cuenta de que, en ese sentido, nunca es tarde para comenzar. Ni siquiera cuando la muerte está cerca o, pensándolo mejor, justamente porque no podemos saber lo cerca o lo lejos que se encuentra ese final, iniciar una vida con propósito es urgente.

Para evitar confusiones, he de aclarar que encontrar ese propósito vital no tiene nada que ver con lograr metas, objetivos o cumplir expectativas externas; se trata de vivir una existencia que encaje lo mejor posible con aquellos valores que inspiran nuestro ser. El problema radica en que las presiones del día a día suelen dificultar la capacidad de entender qué es lo que realmente nos importa y, en consecuencia, determinar cuáles son esos valores. No obstante, cuando nos enfrentamos a situaciones como la muerte o la posibilidad de perderlo todo, tales valores se revelan con una nitidez sorprendente, lo que no quiere decir que ese propósito u objetivo vital sea algo que haya que buscar únicamente en momentos críticos.

El sentido de la vida se construye día a día, en continuos actos cotidianos que están en sintonía con nuestros valores. Por ejemplo, el amor por nuestros seres queridos, la dedicación a una causa que nos inspire o el legado que deseamos dejar a los demás, que puede abarcar desde formar una familia a resultar útil al prójimo, pasando por poner nuestro talento individual al servicio del bienestar común.

De hecho, para lograr dicha transformación, ni siquiera es necesario haber pasado por una ECM. Cualquier persona puede hacer un alto en su camino, examinar sus valores y comenzar a alinear su vida con ellos. En todo caso, ver la muerte cara a cara es una invitación ineludible para dejar de lado lo superfluo, centrarnos en lo esencial y enfrentar el final con la serenidad de saber que hemos vivido plenamente y hemos sido fieles a nosotros mismos.

Para lograr tal objetivo es necesario preguntarnos: ¿qué es lo más importante en mi vida?, ¿estoy viviendo fiel a lo que realmente valoro, o me estoy dejando arrastrar por el miedo? Cuando obtenemos la respuesta, la vida adquiere una nueva dimensión y cada momento, por sencillo que sea, se llena de significado, al tiempo que la muerte pierde su carácter amenazante.

Si vivimos de acuerdo con nuestros valores, la muerte no es el tan temido final, sino la culminación de una vida bien vivida. Es entonces cuando aceptamos ese desenlace con gratitud, sabiendo que hemos dejado un legado y que nuestro paso por la Tierra ha tenido un propósito, como le sucedió a Marcel tras experimentar un ECM cuando estuvo en coma después de sufrir un accidente de coche.

Durante la experiencia, en la que disfrutó de una profunda sensación de serenidad y bienestar, se le indicó que tenía que volver. «No es tu momento, debes regresar. Aún tienes mucho por hacer», le dijo un ser que le vino a recibir y que era una persona desconocida para él. Tras cumplir la orden, Marcel tuvo que someterse a una laboriosa rehabilitación que duró casi un año, a lo largo del cual aprovechó para reconsiderar sus valores y comprendió que debía ejecutar una serie de cambios en su vida.

Con formación empresarial y económica, antes del accidente, Marcel se dedicaba a la gestión de fondos de inversión, lo que le permitía gozar de un buen nivel de vida, con una lujosa casa, coches caros y viajes a destinos exclusivos. Sin embargo, tras la ECM, todo eso resultaba superfluo, carente de significado y falto de encaje con el enigmático encargo que ese ser le había hecho durante su ECM: «Aún tienes mucho por hacer».

Cierto día, la chica con la que Marcel salía por aquel entonces le dijo, sin disimular su disgusto, que había cambiado. «Ya no te preocupan las cosas importantes de la vida», le dijo, refiriéndose a la posición social, el dinero y otros aspectos materiales. Esas diferencias en la forma de concebir la vida hicieron que la relación se rompiera y que Marcel se marchara a vivir a un piso más humilde. Además, decidió dejar el mundo de las finanzas y asumir la dirección de una clínica privada. A pesar de que económicamente el nuevo trabajo era mucho menos atractivo, Marcel sentía que realizaba algo con sentido que ayudaba a las personas. De hecho, no eran pocas las veces que tenía conflictos con la gerencia del grupo, a consecuencia de decisiones que beneficiaban a pacientes y le restaban rentabilidad económica la clínica. A pesar de ello, en conjunto, su día a día resultaba más gratificante y lleno de significado de lo que era antes de sufrir su ECM.

¿QUÉ ENSEÑANZAS NOS DEJAN LAS ECM SOBRE LA VIDA Y LA MUERTE?

Para finalizar este capítulo, me gustaría resumir en una sola frase la valiosa lección que nos ofrecen las Experiencias Cercanas a la Muerte. Podría ser, por ejemplo: «La muerte no es el final, sino un tránsito hacia una realidad más amplia».

Sin negar lo anterior, también me gustaría hacer hincapié en el hecho de que las ECM nos invitan a darnos cuenta del gran poder transformador que tenemos a la hora de mejorar nuestras vidas y las de los demás.

En todo caso, los cuatro poderes que he descrito —el poder de la conexión, la comunicación, la revisión y el propósito— no son enseñanzas solo para aquellos que han experimentado una ECM. Son principios universales que todos podemos aplicar en nuestra vida diaria. Poderes que nos invitan a vivir alineados con lo que realmente importa. Poderes que nos recuerdan que la vida puede ser profundamente significativa. Poderes que ponen a nuestro alcance una guía para vivir sin miedo a la muerte, centrando nuestra existencia en el amor, la compasión y el propósito.

En última instancia, las ECM nos muestran de manera transparente que lo que perdurará al final de nuestras vidas no serán nuestras posesiones materiales ni nuestros logros profesionales, sino el amor que hemos compartido, el perdón que hemos brindado y el propósito con el que hemos vivido. Integrar esos principios en nuestra vida cotidiana se haya o no experimentado una ECM nos ayudará a estar más y mejor preparados para afrontar la muerte con serenidad.

5

Las herramientas de los cuatro poderes

Somos lo que hacemos repetidamente.
La excelencia no es un acto, sino un hábito.
ARISTÓTELES

Ser médico de familia en un ámbito rural me ha permitido dedicar mucho tiempo al acompañamiento de los pacientes de una forma integral. Ante los problemas comunes del día a día, he intentado, en la medida de lo posible, limitar los fármacos y promover los cambios de estilo de vida. En muchas ocasiones, mis recomendaciones eran simplemente fomentar la actividad física, la dieta sana o la higiene postural; en otras, me centraba en enseñar técnicas psicológicas básicas de relajación, de resolución de problemas o de reflexión. Ese toque humanístico desarrollado en el trabajo del día a día acababa dándome muchas satisfacciones, porque, como profesional, he comprobado que, si la persona se compromete con esos sencillos hábitos, los beneficios para su salud son inevitables. No obstante, cuando la enfermedad superaba a la ciencia, como médico me veía obligado a enfrentarme al duelo en sus múltiples manifestaciones, tanto por la pérdida de bienestar personal como por la marcha de un ser querido.

Después de mi ECM, sin embargo, noté que algunas cosas habían cambiado. Como expliqué en el capítulo anterior, es habitual que, tras protagonizar una experiencia de este tipo, los valores vitales se modifiquen y den lugar a un proceso transformador que tiene algo de mágico y del que yo tampoco escapé. En consecuencia, me hice más sensible a la realidad de la muerte, a su efecto en nuestra vida, y pude poner en práctica esos nuevos sentimientos en muchas ocasiones con solo estar un poco atento.

A partir de entonces, mi propósito vital fue facilitar paz y sentido, razón por la cual me enfoqué en las soluciones, buscando para ello estrategias sencillas de autoayuda que facilitaran abordar situaciones comunes como, por ejemplo, el miedo a la muerte, el acompañamiento al enfermo, el apoyo a la hora de enfrentarse a un diagnóstico desfavorable o navegar en el duelo de la mejor manera posible. De esta forma, las técnicas y recursos que te presento en este libro —cuya eficacia está de sobra probada, porque yo mismo las he puesto en práctica— son un útil complemento al tratamiento médico o psicológico.

De hecho, es esa experiencia previa como médico la que me confirma que cada persona vive la muerte de manera única, lo que hace que sus necesidades ante ese momento de la existencia pueden variar enormemente. Es fácil entender, por tanto, que no es posible que todo el mundo haga lo mismo en situaciones semejantes, sino que lo mejor es proponer un amplio repertorio de técnicas para que cada uno emplee aquellas que se adapten mejor a sus necesidades. Con ese objetivo he organizado esos recursos en cuatro grandes ámbitos relacionados con las situaciones que rodean la muerte y el duelo, a los que he denominado «los cuatro poderes de las ECM».

1) **Relacionados con el poder de la conexión.** Practicar la serenidad para conectar de nuevo tu cuerpo y tu mente es una forma adecuada de gestionar la ansiedad y la tristeza que provocan el duelo. Para ello, se pueden llevar a cabo técnicas respiratorias, de relajación o de meditación *mindfulness* como, por ejemplo:

- **Técnicas de respiración y relajación.** Sirven para reducir la ansiedad, el miedo y relajan la tensión muscular generada por esas mismas sensaciones.
- **Meditación y conexión espiritual. *Mindfulness* (atención plena).** El *mindfulness* es una disciplina que nos

permite conectar con uno mismo y con lo trascendente, centrando la atención en el presente, para aceptar la realidad sin cuestionarla ni valorarla.

- **Arteterapia.** La expresión artística y manifestación de la creatividad son poderosas herramientas de conexión interior y liberación emocional.

2) **Relacionados con el poder de la comunicación y el amor.** Son técnicas de comunicación empática, escucha activa, así como otros rituales de transición, cuyo objetivo es comunicarse de forma amorosa y respetuosa con aquellos seres queridos que han fallecido y con su recuerdo.

- **Escucha activa empática.** Aunque, para desarrollar una buena comunicación, la presencia y la escucha empática son fundamentales, lo son aún más en situaciones de duelo o de enfermedad terminal. En esos casos, la capacidad de escuchar sin interrumpir ni juzgar puede ser profundamente sanadora para la persona que está sufriendo.
- **Rituales.** Se trata de acciones o ejercicios relacionados con el duelo y cuya utilidad es superarlo. Los detallaré más tarde, en la sección correspondiente.

3) **Relacionados con el poder de la revisión de vida y la reflexión.** A través de actividades como la escritura, se genera un espacio para la reflexión y la aceptación que pueden resultar muy útiles y enriquecedoras cuando la muerte se acerca.

- **Ejercicios de reflexión y escritura.** Poner en palabras lo que se está viviendo, los sentimientos que afloran o aquellos recuerdos que aportan felicidad o generan dolor permite que la persona clarifique su forma de ver las cosas. Además, es un material que puede servir de legado para aquellos que nos sobreviven o para otras personas que han perdido a un ser querido. Entre otros ejercicios, propongo la escritura de cartas de despedida, diarios de duelo o reflexiones sobre lo que es para la persona la vida y su sentido.

4) **Relacionados con el poder del propósito.** Se trata de ejercicios cuyo objetivo es el de encontrar el sentido de la vida de cada persona. Entre ellos estarían, por ejemplo, la clarificación de valores, la determinación de un propósito vital o el compromiso para convertir ese propósito en realidad.

- **Clarificación de valores y compromiso con la acción.** El estoicismo, la psicología y, en las últimas décadas, la terapia de aceptación y compromiso (TAC) han abordado la propuesta de clarificar nuestros valores y vivir de acuerdo con ellos hasta el final de nuestra vida, para enfrentar en mejores condiciones emocionales la propia muerte o la de los seres queridos.

MEMENTO MORI. APRENDER DE LOS ESTOICOS

Cuando nos enfrentamos a la enfermedad o a la muerte, sean propias o de personas cercanas, se hace evidente la falta de preparación emocional de la que disponemos para afrontar situaciones tan complejas como estas.

Aunque la ciencia y la sanidad actual nos aportan una sensación de seguridad, lo cierto es que la adversidad puede presentarse en cualquier momento. Cuando lo hace, comprobamos nuestra total vulnerabilidad, por lo que nos vemos obligados a gestionar la situación de manera apresurada y con los recursos disponibles, que no suelen ser demasiados. No obstante, y dado que sabemos que tarde o temprano la muerte tocará a nuestra puerta, nada impide que podamos prepararnos con suficiente antelación. De hecho, y sin obviar que ni la enfermedad, ni la muerte ni el duelo son procesos deseables, también hay que tener presente que todos esconden una oportunidad de crecimiento y amor para las personas afectadas por ellos.

Los estoicos solían repetir con frecuencia el lema *memento mori*, que significa «recuerda que has de morir», un aviso que, al mismo tiempo que nos persuade de que la muerte marca el fin de la existencia material, nos invita a aprovechar la vida hasta el último momento. En todo caso, para que esos cambios no se queden en meras palabras o advertencias, es necesario contar con alguna colaboración.

Con esa intención, a continuación te ofrezco unas sencillas herramientas con las que enfrentarse a la muerte. Si bien puede haber más, pues ya sabes que cada proceso es único, porque únicos somos cada uno de los seres humanos, siempre hay alguna de ellas que, si se practica de manera constante, acaba siendo eficaz.

HERRAMIENTAS DE MEDITACIÓN

a. Técnicas de respiración y relajación

Las personas que sufren la muerte de un allegado o se enfrentan a su propia desaparición suelen mostrar altos niveles de ansiedad, angustia y miedo. Si bien estas emociones son normales, también pueden suponer un obstáculo para lograr la deseada serenidad en un momento tan crucial. Tan sencillas como prácticas, las técnicas de relajación y respiración resultan herramientas muy útiles para alcanzar un estado de paz interior que termina repercutiendo en la salud física.

¿Cómo mejorará tu vida si implementas estas técnicas?

- **Manejarás mejor tu estrés.** Si bien hay detalles en las ECM que rozan lo paranormal y pueden encontrar la resistencia de los más escépticos, todo lo sugerido aquí no requiere un salto de fe, ya que está avalado por la ciencia. Las técnicas de respiración consciente hacen que el cuerpo entre en un estado de relajación profunda que contribuye a disminuir los efectos del estrés crónico.

- **Dormirás mejor.** Las personas que se enfrentan a enfermedades terminales suelen sufrir insomnio o dificultad para conciliar el sueño. En estos casos, la respiración controlada contribuye a regular los ciclos de sueño.
- **Vivirás en el presente.** Centrarse en el aquí y en el ahora evita que la mente se enrede en pensamientos futuros de corte catastrófico o que rememore malas experiencias del pasado.
- **Tomarás mejores decisiones.** Cuando la mente se aclara, la toma de decisiones también será más racional y alineada con sus valores de vida.

b. *Mindfulness* (atención plena)

El *mindfulness*, conocido también como atención plena, propone estar en el presente, aceptándolo tal cual, sin pretender cambiarlo ni juzgarlo. Nos ayuda a entender que lo único que existe es el presente, el aquí y el ahora, por lo que no hay que prestar atención a un futuro que, por su propia naturaleza, todavía no existe o a un pasado que, por mucho que lo intentemos, ya no se puede cambiar.

- **Conectar con el momento presente.** Cuando trabajamos el «estar presentes», podemos abordar los pensamientos que nos perturban como lo que realmente son: pensamientos, no realidades. Por tanto, es necesario enfocar la atención en la respiración, en el cuerpo o el entorno, sensaciones y estímulos que funcionarán como «ancla» para retenernos en el presente y permanecer estables ante la tempestad de emociones que desencadena la cercanía de la muerte o la enfermedad. A diferencia de otras técnicas y herramientas para controlar el dolor y la ansiedad, el *mindfulness* nos enseña a aceptar lo que sucede en el presente tal como es, como una parte muy concreta y determinada de la experiencia humana y no como su totalidad.

- **Liberarse del pasado y el futuro.** La angustia surgida en situaciones de enfermedad terminal o pérdida de un ser querido suele venir provocada por aquellos pensamientos que recuerdan eso que no hicimos como hubiésemos deseado, o por el miedo a lo que vendrá. Por eso, la principal enseñanza del *mindfulness* es la de desprendernos del pasado, lleno de remordimientos, y no cargar con un futuro del que nada sabemos. De hecho, el *mindfulness* nos explica que esos pensamientos no tienen poder sobre nosotros, salvo que seamos nosotros mismos los que les demos la posibilidad de dominarnos.
- **El *mindfulness* y la muerte.** El miedo a morir suele basarse en ideas preconcebidas relacionadas con ese momento vital o con ese miedo al futuro. Sin embargo, al aplicar el *mindfulness* en esas circunstancias, comprobamos que el miedo y la muerte no son más que fenómenos de la mente. Morir es, en realidad, solo un momento en la rueda de la vida, y ese flujo ocurre únicamente en el ahora. En consecuencia, el *mindfulness* puede ayudarnos a cultivar una aceptación serena de la muerte, cosa que nos permitirá vivir cada día con más plenitud, sin la carga del «qué pasará» o del «qué debí haber hecho», y reconectando con las pequeñas alegrías que aún existen, porque, aunque el cuerpo y la mente cambien con la enfermedad, el duelo o la muerte, nuestra esencia permanece en paz y conexión con el todo.

TÉCNICAS DE ESCUCHA ACTIVA

Cuando una persona se encuentra ante la muerte, la propia o la de un ser querido, lo que realmente necesita es la compañía de alguien que preste atención, tanto a aquello que dice como a aquello que no se atreve a decir. Por eso, la escucha activa no consiste solo en oír las palabras, sino en estar verdaderamente presente en la conversación sin interrumpir, opinar, realizar juicios o aconsejar.

El poder sanador de la escucha activa

La escucha activa tiene un enorme poder sanador para aquellas personas que están en una situación de extrema vulnerabilidad como la muerte. Que otro ser humano esté dispuesto a escuchar sin juzgar ayuda a liberar las emociones, contribuye a procesar el dolor y ofrece consuelo. Aunque no se pueda revertir la situación del que está sufriendo, la escucha activa ayuda a validar sus sentimientos.

Principios de la escucha activa empática

- **Presencia total.** La escucha activa exige estar completamente presente y sin distracciones para quien habla.
- **Silencio respetuoso.** Es importante que las personas que realizan una escucha activa empática dejen espacio al otro para que pueda expresarse sin interrumpirlo ni meterle prisa.
- **Validación emocional.** Es necesario que el oyente acepte lo que el otro está sintiendo sin intentar cambiarlo o corregirlo.
- **No ofrecer soluciones.** La persona que practica este tipo de escucha debe evitar dar consejos o intentar resolver los problemas del otro, a menos que este lo pida expresamente.
- **Lenguaje corporal abierto.** Mantener el contacto visual y asentir ocasionalmente para mostrar que se está atento contribuye a la escucha activa.
- **Reflejar emociones.** Con objeto de demostrar comprensión, en ciertas ocasiones se puede compartir lo que el otro ha dicho. Para ello resulta útil emplear las mismas palabras o frases que las del hablante, aunque sin resultar reiterativo.

EJERCICIOS DE REFLEXIÓN Y ESCRITURA

Gracias a la escritura, las personas pueden conectarse con su mundo interior, explorar sus miedos y preocupaciones relacionadas con la muerte y expresar aquellos sentimientos que resultan difíciles de verbalizar.

¿En qué consisten los ejercicios de reflexión y escritura?

Los ejercicios de escritura suelen ser prácticas en las que se invita a las personas afectadas a escribir sobre temas profundos relacionados con la vida, la muerte, el duelo o la transformación personal. De esta forma, la escritura se convierte en un canal de autoexploración y expresión emocional que, entre otras cosas, permite:

- **Clarificar pensamientos.** Escribir contribuye a estructurar ideas que, a menudo y debido a situaciones de estrés emocional, pueden resultar desorganizadas o confusas.
- **Liberar emociones.** La escritura hace que las emociones fluyan de una manera más libre que al verbalizarlas en voz alta.
- **Reflexionar sobre la vida y la muerte.** El proceso de escritura profundiza en cuestiones como el sentido de la vida, la muerte o la relación con los seres queridos, tanto con aquellos que ya faltan como con los que siguen vivos.
- **Cierre emocional.** Volcar los sentimientos en un texto puede ser un ejercicio que proporcione la sensación de «cierre» o resolución de un momento complicado, especialmente en aquellos casos en los que las personas sufren por emociones no resueltas en el pasado.

Los ejercicios de escritura pueden hacerse de manera individual o colectiva, y se pueden emplear para conseguir un alivio personal o para compartir esos pensamientos y reflexiones con la pareja u otros miembros de la familia. Además, se trata de una actividad que no requiere una gran infraestructura, tan solo una libreta y un bolígrafo que hagan que la acción de escribir resulte agradable y cómoda. Si me preguntaras a mí por mis preferencias en este sentido, te respondería que prefiero los cuadernos en formato DIN-A5 encuadernados en tapa dura y de buena calidad. Que esos materiales sean duraderos no es una cuestión azarosa o un capricho por mi parte, pues una de las finalidades de la escritura es dejar un legado para los seres queridos que nos sucedan. En todo caso, el objetivo que se consigue con la escritura también se puede lograr utilizando otros medios en los que sea posible volcar nuestras reflexiones y que, gracias a las nuevas tecnologías, están al alcance de cualquiera. Por ejemplo, mensajes de audio o notas de voz en el móvil, textos en el ordenador, correos electrónicos, folios sueltos, notas adhesivas, vídeos online... Si bien el objetivo es el mismo, como ya te he señalado en otros apartados, cada persona debe elegir aquel medio que mejor se adapte a sus necesidades y posibilidades.

TÉCNICAS DE CLARIFICACIÓN DE VALORES

En el libro *El hombre en busca de sentido*, Viktor Frankl narra algunas de sus experiencias en campos de concentración nazis. Entre las lecciones que este psiquiatra sacó de esas duras vivencias, estuvo la de que el sufrimiento se vuelve soportable cuando la vida tiene un propósito. Desde su doble faceta de psiquiatra y cautivo, Frankl observó que solo aquellos prisioneros que encontraban un sentido a su vida sobrevivían. A partir de ese momento, dotar de significado a su existencia se convirtió para él en una herramienta esencial para sobrellevar los horrores del campo.

Posteriormente, esta traumática experiencia hizo que Frankl desarrollara la logoterapia, una variante de la psicoterapia que se basa en la búsqueda de sentido como principal motor de la vida humana y como forma de superar todas las dificultades por grandes que estas sean, incluidas la enfermedad, la pérdida o la muerte.

En la actualidad, las teorías de Frankl han sido integradas en nuevos y más actuales modelos terapéuticos como la terapia de aceptación y compromiso (ACT, por sus siglas en inglés). Clasificada dentro de las llamadas *psicoterapias de tercera generación*, defiende que el sufrimiento humano no proviene únicamente de la experiencia dolorosa, sino de nuestra lucha interna contra esa misma experiencia. Por eso, clarificar los valores y comprometerse a vivir de acuerdo con ellos puede ayudar a las personas que enfrentan la muerte ya sea como cuidador, paciente o persona en duelo.

Ante una situación de cambio radical como la proximidad de la muerte o el duelo, la ACT invita a reflexionar sobre cuáles son los valores realmente importantes para la persona: ¿qué es lo que más me importa ahora?, ¿qué quiero hacer con el tiempo que me queda?, ¿qué haré a partir de ahora sin él o sin ella? En todo caso, es importante tener en cuenta que, según esta psicoterapia, tales valores no son metas que se alcanzan, sino direcciones de vida. En definitiva, una brújula que guía nuestras acciones incluso en tiempos de incertidumbre.

PARTE II
Enfrentados a la muerte

6
Normalizar la muerte para vivir mejor

> Después de todo, la muerte es
> solo un síntoma de que hubo vida.
> MARIO BENEDETTI

Una de las personas cuyo trabajo más admiro es Elisabeth Kübler-Ross, una auténtica eminencia en todo lo relacionado con la muerte, desde el duelo al acompañamiento. Su obra ha permitido no solo que los médicos sepamos cómo ayudar mejor a los pacientes, sino que su mensaje también ha llegado a casi cualquier persona. Desde sus inicios como psiquiatra hospitalaria a principios de la década de 1960, la doctora Elisabeth Kübler-Ross mostró un especial interés por los pacientes terminales. Parte de su investigación consistía en entrevistarlos, razón por la cual pidió permiso al jefe clínico del hospital, que accedió poniendo dos condiciones: que pidiera permiso a la familia y que nunca mencionara, ni al enfermo ni a su familia, que el paciente estaba a punto de morir.

La doctora Kübler-Ross aceptó las exigencias de su superior; cuando solicitó permiso a la familia, se encontró con otras dos condiciones añadidas: que obtuviera el permiso del enfermo y que no le informara de que la familia sabía que se estaba muriendo. De nuevo, la doctora accedió sin problemas; cuando estuvo frente al paciente, le habló de su intención de entrevistarlo para averiguar si le podía ayudar. Sonriendo, este accedió encantado, pero puso una última condición: que no le dijera a su familia que era consciente de que se está muriendo.

Aunque, desde principios de los años sesenta hasta la actualidad, las cosas han cambiado considerablemente, en mi práctica médica he vivido muchas «conspiraciones de silencio» alrededor de diagnósticos desfavorables. Si bien me han resultado incómodas, siempre las he respetado. Eso sí, con un límite: si el paciente me pregunta abiertamente, como médico estoy obligado a decirle la verdad. Sin embargo, mi concepto de la verdad tiene, como en el caso de la doctora Kübler-Ross, dos condiciones: no solo debe ser cierta, sino que además ha de ser compasiva. Por tanto, siempre he buscado formas de decir las cosas sin matar la esperanza. En mi opinión, lo contrario es crueldad.

LA IMPORTANCIA DE HABLAR DE LA MUERTE EN LA VIDA COTIDIANA

«¿A qué edad se puede hablar de la muerte con un niño?», suelen preguntar los padres, preocupados por que un exceso de información pueda afectar al desarrollo o a la salud emocional de sus hijos. La cuestión, sin embargo, puede responderse con otra pregunta: «¿A qué edad comienzas a hablar con tu hijo?». Este ejemplo ilustra esa tendencia tan habitual en nuestra sociedad de esconder la muerte y no hablar de ella por entender que es un tema incómodo o de mal gusto.

Los padres suelen ocultarles la muerte a sus hijos con el pretexto de «no impresionar al niño». Una actitud loable, bienintencionada y protectora que ha provocado que, en la época actual, rara vez se vea a críos en velatorios o que, cuando preguntan por sus abuelos fallecidos, se les responda que «están en el cielo», como si se tratase de un destino turístico.

Sin embargo, este problema no solo afecta a los niños. Los adultos también hemos aprendido a esquivar el tema de la muerte. Una de las razones es que esta es un baño de humildad que, además, interrumpe el discurso dominante basado en el consumismo y en el egocentrismo, ya que nos recuerda que llegamos al mundo sin nada y nos iremos de él de la misma manera.

Los nórdicos, tan diferentes a nosotros a la hora de abordar ciertos aspectos de la vida, se enfrentan al tema de la muerte de forma más natural. Ejemplo de ello es el *döstädning*, o «limpieza de la muerte», una tradición que consiste en organizar y reducir las posesiones personales cuando llega la vejez, con el objetivo de evitar así que los seres queridos puedan tener conflictos o incomodidades tras su fallecimiento. Si bien es cierto que, como decía más arriba, abandonamos este mundo tal y como vinimos a él, sin nada, lo que dejamos atrás puede ser un foco de conflictos para los que nos suceden.

En todo caso, si la muerte es uno de los grandes tabúes de nuestra sociedad, la enfermedad no le va a la zaga. Cuando caemos enfermos, justo en esos momentos en los que nos sentimos vulnerables, ajenos a esa ilusión de control que solemos tener respecto a nuestra vida y cuando más necesitamos que alguien escuche nuestras preocupaciones, es cuando menos gente nos llama por teléfono o nos visita.

En épocas pasadas, sin embargo, las cosas relacionadas con la muerte y la enfermedad eran muy diferentes. En los pueblos, cuando alguien enfermaba, era habitual hacer una visita e incluso llevar un obsequio como, por ejemplo, unas pastas, para preguntar por el estado del enfermo y ayudar en las necesidades de la familia. Además, no resultaba extraño que las personas murieran en casa, rodeadas de su comunidad, lo que permitía que el velatorio mismo fuera un espacio de acompañamiento para los dolientes.

No pretendo juzgar si aquello era mejor o peor que lo que sucede hoy en día. De lo que no hay duda es de que era distinto. En la actualidad, la de la muerte sigue siendo una conversación incómoda; al evitarla, nos privamos de oportunidades valiosas que pueden contribuir a nuestra salud emocional. A las personas enfermas, hablar de la muerte las ayuda a poner orden en asuntos importantes, bien sean del campo económico, bien del ámbito de las emociones. En lo que se refiere a sus familias, afrontar esta conversación da la oportunidad de compartir un momento único y prepararse para vivir sin esa persona.

Por tanto, esta desconexión con un hecho biológico inevitable como la muerte que se vive en la sociedad actual ha llevado a que mucha gente no pueda abordar con tiempo suficiente emociones vinculadas a ese hecho vital, como el miedo, la rabia, la tristeza y la frustración, con todo lo que ese silencio y esa inactividad perjudican emocionalmente.

POR QUÉ DEBERÍAMOS HABLAR MÁS SOBRE LA MUERTE

Aunque te pueda parecer una opinión impopular o una paradoja, hablar abiertamente de la muerte, prescindiendo del temor y los tabúes, genera un espacio en el que es posible reflexionar sobre qué significa realmente la vida y valorarla aún más. Asimismo, este tipo de conversaciones cuentan con numerosos beneficios para las personas, como, por ejemplo:

- **Tendríamos menos miedo.** Cuanto más comprendemos y aceptamos la muerte, menos temor nos suscita. Por tanto, hablar sobre la muerte nos permite enfrentar nuestros temores de una manera constructiva y disminuyendo la angustia existencial.
- **Podríamos planificarla con conciencia.** Conversar sobre la muerte hace que se tenga la claridad mental suficiente para tomar decisiones que afectarán al final de nuestra vida, como los tratamientos médicos a los que aceptaremos someternos, los detalles de nuestro funeral o la distribución de nuestro patrimonio, cosa que ayudará a aliviar la carga emocional y los trámites burocráticos a los que se tendrán que enfrentar nuestros seres queridos tras nuestra partida.
- **Aumentaría nuestro sentido de propósito.** Asumir que nuestra vida tiene un final puede ayudarnos a valorar más el

tiempo que nos resta de vida y centrarnos en lo que es verdaderamente importante en cada momento.

- **Sentiríamos una mayor conexión con los seres queridos.** Hablar de la muerte y compartir nuestros deseos, miedos y esperanzas relacionados con ese trance vital es una forma de acercarnos a las personas que amamos y estrechar nuestro vínculo emocional con ellas.

A pesar de lo beneficioso que resulta para nuestro ánimo hablar de la muerte, nuestra sociedad todavía no ha aprendido a gestionar bien esta etapa ineludible de la vida. «Me estoy muriendo, pero hasta que me muera, sigo vivo», me dijo con optimismo uno de mis pacientes. Con esto no quiero decirte que todos estemos obligados a tener esa misma actitud ante un momento tan trascendental. Cada uno ha de gestionarlo según sus particularidades, a su propio ritmo, sin eludir el fenómeno, pero sin forzar los comentarios o las referencias a la muerte. Tanto es así que podríamos decir que las conversaciones sobre este tema son una suerte de arte que debe surgir en los momentos adecuados, con las personas correctas y en el contexto oportuno.

La práctica de los cuatro poderes para aumentar nuestro bienestar y normalizar nuestra mortalidad

Al final del libro encontrarás un apéndice con dieciséis prácticas útiles para diversas situaciones. Para la incorporación de los cuatro poderes a tu vida me permito recomendarte que leas las siguientes prácticas y valores si deseas incorporar alguna:

- Para mejorar el bienestar y la autogestión emocional: prácticas 1 y 6.
- Para iniciarte en la meditación y atención plena: prácticas 2, 3 y 4.
- Para mejorar tu habilidad comunicativa: práctica 9.
- Para reflexionar y comunicar sobre la muerte: práctica 7.
- Para clarificar tus valores y reflexionar sobre la muerte: práctica 5.

7
Acompañar hasta despedirnos

Lo mejor que uno puede hacer cuando
está lloviendo es dejar que llueva.
HENRY WADSWORTH LONGFELLOW

Acompañar a una persona en los últimos momentos de su vida es una de las experiencias más humanas que podemos vivir. Sin embargo, también es una de las situaciones más desafiantes y duras a las que uno se puede enfrentar. El papel del acompañante, además, va más allá del mero cuidado físico. Para el que está en el trance de morir, tan importante como la atención física es el apoyo emocional. No hay que olvidar que, ante la irreversibilidad de su caducidad física, el paciente puede replantearse algunas cuestiones espirituales. Cuando eso sucede, el acompañante no puede permanecer indiferente, sino que deberá brindar un apoyo genuino a sus seres queridos, razón por la cual tendrá que estar lo mejor preparado posible.

CÓMO SER UN BUEN ACOMPAÑANTE: ESCUCHA EMPÁTICA, PRESENCIA PLENA Y COMPASIÓN

Ser un buen compañero de camino no se limita a «estar ahí». Es necesario ser una persona proactiva que facilite el confort de la persona que atraviesa ese trance. Para ello debe escuchar con empatía y atender no solo al cuerpo, sino a sus emociones y sus inquietudes; para eso es necesario mostrar una actitud compasiva de ayuda hacia la persona que próximamente nos dejará.

Escucha empática

Como ya hemos apuntado en el capítulo 5, la escucha empática implica estar disponible para la persona que lo necesita. No solo es preciso captar el sentido de sus palabras, sino entender lo que hay detrás de ellas. En este contexto, la modalidad de escucha implica dejar de lado nuestra espontaneidad, nuestros juicios y la tentación de ofrecer soluciones, salvo que nos sean solicitadas. En definitiva, la escucha empática implica crear un espacio seguro en el que el otro pueda expresarse con libertad, sin interrupciones, correcciones ni valoraciones. Una tarea para la que te ofrezco tres pautas muy prácticas:

- Deja que la persona a la que acompañas en su tránsito se exprese libremente. No interrumpas, no ofrezcas respuestas, no opines. Limítate a estar ahí, escuchando, atento.
- Demuestra tu interés hacia su situación y sus sentimientos con preguntas abiertas que inviten a la reflexión profunda. Por ejemplo: «¿Cómo te sientes hoy?»; «¿Hay algo que te gustaría compartir conmigo?».
- Acompaña lo que la persona te relata fijándote especialmente en sus emociones y validándolas. Por ejemplo, empleando frases como «parece que hoy te sientes...», para que, de una forma amable, podamos verificar si hemos entendido lo que la persona en cuestión desea transmitirnos.

Presencia plena

A menudo, lo que más necesitan las personas en el final de sus vidas es la compañía atenta y sincera de alguien que simplemente esté a su lado, generando así un espacio de calma y seguridad. A diferencia de la escucha empática, la atención plena no requiere verbalizar nada si no es necesario. En estos momentos, los silencios valen tanto como las palabras o incluso más. Durante mi práctica como médico, he visto con frecuencia que los familiares, presa de la ansiedad ante la pérdida, hablan y opinan sin parar, en lugar de limitarse a ofrecer su presencia.

En el libro *Lo que me enseñaron los pacientes*, Mariana Jacobs cuenta de la doctora Elisabeth Kübler-Ross una escena que le sucedió durante su vida profesional. Cierto día, ante un auditorio de alumnos de Medicina, presentó a una joven paciente que estaba en el final de su vida. La chica contó que, desde su adolescencia, se había sometido a diferentes tratamientos contra el cáncer. La mitad de su tiempo la había pasado entre urgencias, salas de espera y sesiones de terapias intensivas en un hospital. Su familiaridad con tales escenarios era tal que casi los consideraba su casa; fue justamente por esa razón por la que decidió estudiar Enfermería. Sin embargo, la enfermedad había entrado en remisión varias veces para, luego, volver cada vez con mayor fuerza. En el momento en el que compartía su historia con los alumnos de la doctora Kübler-Ross, la joven ya había agotado todos los tratamientos disponibles y era consciente de encontrarse en la fase final de su existencia.

Una vez que la joven enfermera concluyó su relato, la doctora les pidió a los estudiantes que se acercasen a la pizarra y los invitó a que escribieran allí la palabra que mejor describiera la emoción predominante que habían sentido al oír la historia. Los términos elegidos eran, en su mayoría, *desesperación*, *injusticia*, *angustia*, *furia*, *frustración*, *tristeza*, *enojo*, *soledad*, *cansancio*... Después de que todos los alumnos escribieran lo que habían sentido, volvió a tomar la palabra. Si bien les confirmó que mucha de la gente que se acercaba a ella lo hacía desde los mismos lugares que ellos, también les transmitió que su sentimiento ante la complicada situación que estaba viviendo era diametralmente diferente: «Pueden sentir lo que quieran en lo que se refiere a mi historia. El problema es que todos ustedes están tan ocupados con lo que les hace sentir que nadie está verdaderamente a mi lado. Preocupados por su propia reacción emocional, se olvidan ustedes de lo que yo estoy viviendo y, en último término, me dejan sola. Nadie está ahí conmigo, verdaderamente presente. No hay nadie que, liberado de sus preocupaciones, salga a mi encuentro para preocuparse de mí».

El testimonio de esta joven me trae a la mente la figura de otra enfermera, Pepi, tan buena profesional como excelente persona. En ocasiones, tenía que desplazarse a los domicilios del convaleciente para hacerle unas curas. Una vez hechas, se sentaba junto al paciente un ratito. En ocasiones, le tomaba de la mano y permanecía en silencio. No fueron pocas las veces que, en esos momentos, el enfermo aprovechaba para abrir su corazón y compartir con ella sus inquietudes y emociones. Cuando eso sucedía, Pepi respondía de forma breve, abierta y prudente, permitiendo siempre que fuera el paciente quien se expresase y respetando siempre su silencio cuando no deseaba hablar. Sin embargo, en muchas ocasiones, algún familiar interrumpía ese silencio con preguntas del tipo «¿cómo lo ve?» o, directamente, «dígale algo». Pepi respondía con una sonrisa, sin romper su silencio y volvía a centrar su mirada en el enfermo.

Compasión

Aunque el término es el mismo, la compasión no tiene un solo significado en todos los momentos de la vida. En un trance cercano a la muerte, la compasión no será una actitud condescendiente o de simple tristeza, sino la decisión de la persona de compartir el sufrimiento del otro no con la intención de cambiar lo que sucede, sino de acompañarlo con empatía. En estos complicados momentos vitales, la compasión hacia el otro también incluye la autocompasión hacia uno mismo, pues acompañar en este proceso es emocionalmente exigente. Por tal razón, es importante no olvidarse de cuidar de uno mismo mientras se cuida del otro.

Asimismo, la ayuda compasiva exige ser extremadamente respetuoso con los tiempos del otro, sin intentar forzar el proceso. «Te ayudaré aunque no quieras» es un pensamiento que no tiene cabida en este tipo de apoyo, porque, además de ser contraproducente, genera la resistencia del otro y provoca un gran desgaste. Para hacernos una idea de lo poco apropiado que es este deseo de ayudar de forma compulsiva a aquel que no lo ha solicitado, baste decir que los profesionales de la salud han calificado tal actitud de «compasión idiota».

ACOMPAÑAR HASTA DESPEDIRNOS

Permanecer junto a un ser querido en su tránsito es un gran acto de amor y compasión. Para ello no es preciso tener todas las respuestas, ni siquiera eliminar el sufrimiento; sencillamente, hay que estar presente, escuchar con empatía y ofrecer un espacio de serenidad.

Los rituales de despedida, la escucha empática y las técnicas para mantener la calma no solo ayudan a la persona que está muriendo, también brindan consuelo a quienes los acompañan, permitiéndoles vivir ese proceso con un profundo sentido de conexión y humanidad. En el siguiente capítulo exploraremos cómo, cuando la presencia física ya no está pero el amor y la memoria permanecen, este acompañamiento se transforma en lo que se conoce como el *proceso de duelo*.

La práctica de los cuatro poderes en el acompañamiento

Acompañar a una persona vulnerable por pérdida importante de salud implica un gran desgaste físico y emocional. Para minimizar su impacto te sugiero:

- Como herramientas generales sigue las indicaciones del final del capítulo 6.
- Como herramientas específicas del acompañamiento propongo los ejercicios siguientes:

- Para la gestión del estrés del cuidador: los respiros emocionales, ejercicio 8.
- Para mejorar tu comunicación empática con el sufriente: ejercicio 9.

8
Un tránsito sereno

No puedo escapar de la muerte,
pero sí del miedo a ella.
EPICTETO

La vida, como sabrás, es imprevisible. Está sujeta a golpes de fortuna, desgracias, satisfacciones y sinsabores, y la única certeza que tenemos sobre ella es que es finita. A pesar de esto, lejos de asumirlo, la muerte continúa siendo una profunda fuente de miedo para muchos. Incluso se ha acuñado un término que lo define: *tanatofobia*. El miedo a la muerte puede manifestarse de muchas formas diversas, como ansiedad ante la idea de desaparecer, angustia por lo desconocido o temor a sufrir durante el proceso de morir. En este capítulo, intentaré explicarte la irracionalidad de ese miedo y, más importante aún, te ayudaré a transformarlo en aceptación gracias a los recursos que nos brindan las Experiencias Cercanas a la Muerte.

LIBÉRATE DEL MIEDO A LA MUERTE

¿De dónde viene este temor a la muerte si es una parte natural de la vida? A pesar de lo acertado de la pregunta, lo cierto es que el miedo a la muerte es una emoción común y profundamente arraigada en el ser humano provocada por diferentes causas.

- **Por nuestro pobre manejo de la incertidumbre.** «Nadie ha vuelto para contarlo». Fue la frase que utilizó la primera paciente con la que compartí mi ECM. No es una reflexión muy original, pero sí muy arraigada. La falta de certeza, en este como en cualquier otro ámbito de la vida, genera una ansiedad natural. Por tanto, si la ansiedad es una manifestación del miedo, podemos afirmar que el miedo a la muerte es «la madre de todos los miedos». Nuestra mente, habituada a anticipar y planificar para generar la ilusión de que ejercemos cierto control sobre nuestras vidas, se siente desorientada ante la imposibilidad de controlar o predecir lo que vendrá después del último aliento. Es ahí, por tanto, donde surge el conflicto.

- **Porque tememos perder nuestra identidad.** La muerte implica la desaparición del «ego» o, en otras palabras, del personaje que creemos ser. Cuando nos identificamos plenamente con ese «personaje», el momento final de la vida se percibe como una situación horrible y dramática, porque lleva asociado la desaparición de todo. Se produce un «reset», un formateo de la existencia, un borrado definitivo difícil de asumir para el ego de las personas, que no conciben que la vida continúe sin su presencia y su participación.

Sin embargo, la meditación nos permite constatar que, cuando la mente se serena, surge una conciencia más auténtica a la que llamamos el *yo real* o *yo observador*. Estas nuevas variedades del «yo» ponen de manifiesto que el ego no es nuestra esencia real, sino aquella identidad que utilizamos en el día a día. Eso no quiere decir que haya que elegir entre ellas, aceptar una y renunciar a la otra. Ambas son necesarias para el buen funcionamiento de la mente y las emociones humanas, porque el ego nos permite «hacer» mientras vivimos, y el «yo observador» es nuestra conciencia que «es». De hecho, es esta conciencia no material o *supraconciencia* la que, abandonado el ego al final de la vida, lo trasciende y continúa evolucionando más allá de ese final.

Si bien se trata de una concepción que puede ser debatida en el plano intelectual, para adquirir realidad psicológica de la existencia del ego y el yo observador es necesario que se experimente. Por tanto, en lugar de seguir detallando las diferencias entre el yo y el yo observador, te invito a que, desde la propuesta que más te atraiga, explores el silencio para verificar que hay otro tú más allá del que se muestra a los demás en las actividades sociales y cotidianas. Como dice un proverbio zen: «Una cucharada de práctica es más poderosa que una montaña de teoría». O, lo que es lo mismo, hablar de la conciencia sin haber meditado es como querer comprender el sabor del chocolate sin haberlo degustado.

- **Tenemos miedo al dolor físico.** Tanto a lo largo de mi trayectoria profesional como en mi vida personal, mucha gente me ha dicho: «No tengo miedo a morir», dando a entender que esa frase era un alarde de gallardía. En realidad, la afirmación tiene poco mérito, pues, como dice el doctor Enric Benito, médico mallorquín referente en cuidados paliativos, «Morir no duele». Lo que no quiere nadie, empezando por mí mismo, es sufrir.

  En ese aspecto, como médico puedo afirmar con conocimiento de causa que, con los avances científicos actuales, nadie debería padecer en el proceso de morir. Existen los cuidados paliativos, la atención a los síntomas físicos y el cuidado de las necesidades psicológicas no solo del enfermo, sino también de su entorno más próximo. Incluso la atención espiritual mediante voluntariado, si se requiere, debería ser una prioridad en un sistema público sanitario y social con recursos limitados. «El arte del buen morir», como se titulaban ciertos tratados renacentistas, debería ser, por tanto, el ideario de todos los profesionales que atendemos a personas que nos dejarán pronto.
- **Por nuestra *programación* cultural y religiosa.** Ese dios castigador que amenaza con un desafiante infierno de fuego para aquellos que obtengan mala nota en el Juicio Final puede haber sido una imagen poderosa en el pasado, pero no conecta con la religiosidad madura de hoy. Además, genera rechazo entre los que se consideran ateos, que lo perciben como una

herramienta de manipulación y control psicológico. La espiritualidad del siglo XXI incide más en el amor, la compasión y el crecimiento espiritual, tres conceptos que contribuyen a que la muerte se convierta en una transición necesaria de descarnamiento, para iniciar una evolución de la conciencia.
- **El apego a la vida y a lo material.** Estoy convencido de que no te descubro nada si te digo que vivimos en una sociedad egoica, en la que el éxito, la acumulación y el disfrutar están vinculados a la vida física. En este contexto, la muerte representa una ruptura con todo aquello a lo que estamos apegados. De hecho, es este apego el que refuerza el miedo a la muerte, ya que tememos perder lo que hemos acumulado, incluidas nuestras relaciones y experiencias. Por ello, esa *apatheia* y falta de pasiones propugnados por los estoicos hace dos mil años, ese desapego —si utilizamos un concepto más actual— tiene una lectura positiva, porque tanto las emociones positivas como las negativas distancian al sabio de dos de los ejes cardinales de la existencia, la virtud y la razón. A estos dos principios cabría sumar la compasión y el amor, que aporta la espiritualidad y que dotan de sentido a la vida.

En resumen, aunque se comprende todo este miedo a la muerte, si se examinan sus razones con cuidado y, más aún, si se tiene una sensibilidad espiritual, se pone de manifiesto que nuestro miedo a la muerte es totalmente irracional. El desafío, por tanto, estará en cambiar esa perspectiva que tenemos sobre la muerte, social e individualmente.

EL PARADÓJICO REVERSO: EL MIEDO A LA VIDA

Paradójicamente, además de a la muerte, los seres humanos también tememos la propia vida. Aunque pueda resultar llamativo, si lo pensamos con detenimiento, tal temor tiene cierta razón de ser. A nadie se le escapa que vivir implica retos, desafíos, inseguridades. De hecho, desde el momento en que nuestra mente tolera mal la incertidumbre, la vida en su conjunto nos genera ansiedad.

El ser humano prefiere la seguridad y la comodidad, aunque tenga que pagar un alto precio emocional por ello. No obstante, si bien la actitud conservadora ante la vida pudo resultar útil para nuestros antepasados, los cuales vivían rodeados de peligros reales que representaban una amenaza constante para su supervivencia, hoy en día, este miedo no solo es innecesario, sino que se torna perjudicial porque nos aboca a una situación de ansiedad que deriva en una vida que no es la soñada y que nos torna esclavos de un personaje al que llamamos *ego*.

Por todo ello, lejos de atemorizarnos, la certeza de la muerte debería hacernos más conscientes de la necesidad de aprovechar la vida. Esa es la verdadera esencia del *memento mori* de los estoicos: libres de miedos y de ego, transitemos por la vida de una manera más espontánea, confiada y fluida para poderla disfrutar en toda su amplitud.

LOS CINCO ARREPENTIMIENTOS

En 2011 vio la luz *Los cinco mandamientos para tener una vida plena*, de Bronnie Ware. La escritora, profesora y enfermera australiana relataba en este libro su experiencia ofreciendo cuidados paliativos a enfermos terminales. Contó cómo muchos de los pacientes a los que había atendido, al final de su vida, liberados ya de las preocupaciones mundanas que consideraban importantes pero no lo eran tanto, se arrepentían de no haber vivido de acuerdo con sus deseos y valores. Más allá del hecho en sí, lo que llamó especialmente la atención de Ware fue que esos arrepentimientos se podían agrupar en cinco categorías principales, a través de las cuales se pueden lograr valiosas enseñanzas para tener una vida más plena y consciente:

1. **«Ojalá hubiera tenido el coraje de vivir una vida fiel a mí mismo, no la vida que los demás esperaban de mí».** Muchas personas se dan cuenta, tal vez demasiado tarde, de que, a lo largo de su vida, han dejado de lado sus propios sueños y deseos para cumplir con los deseos y las expectativas de los demás.
2. **«Ojalá no hubiera trabajado tanto».** Perderse momentos importantes junto a sus familias y amigos por haber dedicado demasiado tiempo al trabajo es otra de las lamentaciones habituales de aquellas personas que ven de cerca a la muerte.
3. **«Ojalá hubiera tenido el coraje de expresar mis sentimientos».** En el trance de la muerte es común que las personas experimenten un aumento del resentimiento o la frustración por aquellas opiniones o emociones no expresadas por miedo a la reacción hostil o el juicio de terceras personas.
4. **«Ojalá hubiera mantenido el contacto con mis amigos».** A lo largo de la vida, no son pocas las personas que, por diferentes motivos, desde laborales a personales, se distancian de los amigos de la infancia, del barrio o de la escuela. Sin embargo, al acercarse el final de la vida, la pérdida que supone no haber conservado esas amistades se intensifica hasta el punto de convertirse en uno de los arrepentimientos de los pacientes de Ware.
5. **«Ojalá me hubiera permitido ser más feliz».** La felicidad es una elección; la infelicidad, en ocasiones, también. Muchos enfermos terminales se dan cuenta, cuando casi no hay tiempo, de que eligieron lo que no les convenía según sus necesidades, sus simpatías o sus gustos.

De todo lo anterior podemos extraer cinco principios para disfrutar de una vida feliz que también resultarán útiles cuando esa existencia esté a punto de terminar:

1. Vivir fieles a nosotros mismos.
2. Equilibrar el trabajo y la vida personal.
3. Expresar los sentimientos con honestidad.
4. Cuidar las amistades.
5. Permitirnos ser felices.

Lo que Bronnie Ware apuntó en su investigación nos enseña una vez más que, al final de nuestras vidas, lo relevante no es lo material, sino lo emocional. En ese último trance, la infelicidad de las personas no depende tanto de las cuestiones económicas o laborales como de no haber vivido la vida en conexión con lo que realmente importa. Sin embargo, cuando se es capaz de reconocer las oportunidades que nos ofrece el presente, ese mismo temor a vivir que suele surgir del propio miedo a la muerte puede transformarse y contribuir a una vida feliz y satisfactoria.

EL TRÁNSITO COMO OPORTUNIDAD

Recuerdo que, cuando trabajaba como médico, informé a Mónica, una de mis pacientes, de que estaba embarazada. Al recibir la noticia, suspiró de una manera que no supe muy bien cómo interpretar, por lo que decidí preguntarle qué le parecía la noticia. «Tener un bebé nos hace mucha ilusión; el embarazo me da pereza, pero es necesario. Parir es lo que me asusta». Ante semejante respuesta, comencé a preguntarle cuáles eran sus temores en relación con el parto; al cabo, lo comprendí. Me explicó que su abuela había tenido un parto muy largo y complicado (eran los tiempos en que los niños nacían en los pueblos con la ayuda de una comadrona). Resultó tan traumático que ya no quiso tener ningún hijo más. Dolors, la madre de Mónica, escuchó esta historia una y otra vez; cuando se casó, le dejó claro a su marido que solo tendrían un hijo. Si bien reconocía que su parto sin ser agradable no fue especialmente malo, tampoco quería tentar a la suerte. Mónica, hija única por decisión de su madre, también había escuchado muchas veces estas historias familiares que fueron sedimentando su miedo a parir.

La escuché con atención y ternura, y le aconsejé que disfrutara del proceso. Durante el embarazo, le expliqué, todo el mundo te felicitará y te prestará atención. Las amigas celebrarán la gestación, tendrás la piel más hermosa, te dirán que estás más guapa. Y, si hay confianza, te querrán tocar la barriguita. Le resté importancia al momento del parto, argumentando que, gracias a la epidural, se reducen las molestias al mínimo. Tras estas palabras, Mónica salió más animada de la consulta.

En un pueblo, los encuentros con tus pacientes son frecuentes, solo tienes que salir a la calle. Por eso, a medida que el embarazo avanzaba, cada vez que me encontraba a Mónica, me iba contando su proceso: se había apuntado al grupo de preparación al parto del ambulatorio y me decía que Rosa, la comadrona, y sus compañeras eran maravillosas. También compartía conmigo que todo su entorno se alegraba mucho de la noticia; además, las revisiones periódicas iban bien. En otras ocasiones, me decía que había hecho una sesión de fotos con su marido en la que sus amigas le pintaron la barriga; luego, cuando supieron que iba a ser una niña, le organizaron una fiesta y le regalaron cositas de bebé. Volví a encontrármela después del parto. Me contó que fue muy bien con la epidural y que participaba de un grupo de lactancia en el ambulatorio. Actualmente, tiene tres hijos y está encantada.

En cierto modo, el tránsito es como un parto. Si le pudiéramos preguntar al feto, que está allí tan cómodamente y tan a gustito, si le entusiasma dejar el vientre de su madre y además le explicamos lo de las contracciones, lo estrecho del paso, lo complicado que puede resultar y que, al final, ya fuera de forma irreversible, le cortarán el cordón umbilical y dependerá de sí mismo para respirar y alimentarse, seguramente nos diría que nos olvidemos del tema. Pero la vida tiene su mecanicidad, sus plazos y, llegado el momento, no hay elección más allá de la de seguir el proceso. A partir de ese día marcado por el parto, comenzará su vida material. Como en el caso de ese bebé del ejemplo, nuestra vida física también comienza con el nacimiento y finaliza con el «morimiento». De este modo, llamamos vida a lo que experimentamos entre esos dos extremos.

Reconozco que, en lo referente a la muerte, he pensado diferentes cosas a lo largo de mi vida. Es normal que, a medida que pasa el tiempo, nuestro sentimiento al respecto varíe. Sin embargo, después de mi ECM lo tengo claro: «Morir solo es morir, morir se acaba» (Martín Descalzo, 1991). La muerte es un momento dentro de un proceso más amplio al que llamamos *tránsito*, en el que abandonamos nuestra carcasa de polvo de estrellas y trascendemos a un plano superior, más energético, en el que nuestra conciencia continúa su evolución. En ese sentido, después de mi ECM, la siento como un hogar del que solo conozco su recibidor visto desde la puerta de entrada. Lo sé porque lo he experimentado.

En una de mis charlas, una persona quiso intervenir en el turno de palabra. Desde el primer momento, dejó claro que era ateo; a consecuencia de su falta de fe, afirmó que no creía una palabra de lo que le había explicado minutos antes. Le pregunté si sabía lo que haría para las vacaciones. «Claro que sí —me respondió seguro—. Pasaré el verano en la playa, como cada año, y vendrán a vernos mis hijos y mis nietos». «¡Usted sí que tiene fe! —le dije—. Nadie sabe si estará vivo mañana, y usted da por hecho lo que ha planeado. Yo sé lo que me espera porque ya lo he verificado y sé que algún día usted también morirá». No me replicó, pero no sé si mi explicación le resultó muy convincente. En todo caso, es irrelevante. Espero el inicio de mi tránsito tal como lo relaté al principio del libro, pues lo viví como algo más real que la realidad común. Si cada uno puede elegir su vida, no sé por qué no puede escoger lo que espera para después de la muerte.

Admito lo subjetiva y personal que es mi creencia, no se la impongo a nadie y respeto profundamente cualquier otra, pero la seguridad con que otros opinan que su forma de morir sin trascender debe ser común a todos no deja de sorprenderme. Más razonable me parece Epicuro, filósofo griego materialista que solía repetir «la muerte no es nada para nosotros». Lo razonaba así: «Cuando nosotros estamos, la muerte no está presente; y cuando la muerte está presente, nosotros no estamos».

Según mi experiencia, morir será un momento en mi tránsito hacia la trascendencia. Sin embargo, soy consciente de que habrá lectores, tal vez tú mismo, que, como el asistente a mi conferencia, tendrán una concepción materialista de la existencia. Para ellos, para ti si es el caso, intentaré presentar el tema desde otro punto de vista, convencido de que, como ya hemos comentado, nuestras creencias sobre morir afectan profundamente a cómo vemos la vida; por otro lado, eludir el tema por considerarlo incómodo no hace más que aumentar ese temor a la muerte, que se alimenta precisamente del silencio, la falta de preparación y de la incertidumbre.

Al enfrentarnos al indiscutible hecho de que la muerte es inevitable, podremos redirigir nuestra energía hacia lo que realmente importa: el tiempo que nos queda. Para ilustrar este pensamiento, me gustaría mencionar una historia que, cuando la leí, me conmovió profundamente. Se trata del testimonio de Eugene O'Kelly, un exitoso empresario estadounidense que, tras ser diagnosticado con un tumor cerebral, decidió escribir un libro titulado *Momentos perfectos*. A lo largo de su relato, detallaba las diferentes fases de su enfermedad, desde el momento en el que recibió el diagnóstico, pasando por la negación, y hasta llegar a la aceptación que desembocó en un proceso para reordenar su vida y despedirse de sus seres queridos.

Una de las manifestaciones de esta nueva estrategia vital fue que, en sus últimos días, el empresario dejó de enfocarse en aquello que no podía controlar —su enfermedad— y dirigió su energía hacia aquellas cosas de las que aún podía disfrutar: las relaciones personales y aquellos pequeños detalles que le proporcionaban felicidad. Ejemplo de tal actitud es ese episodio en el que cuenta que, previendo que al día siguiente de una sesión de radioterapia se iba a encontrar físicamente mal, cuando salía del hospital acudía con su esposa a un jardín japonés cercano en el que disfrutaban juntos de una inmensa paz durante un par de horas. En mi opinión, la historia de O'Kelly ilustra desde el materialismo, sin necesidad de recurrir a realidades trascendentes, cómo la aceptación de la muerte puede ser una puerta hacia una vida más plena en los últimos momentos.

De hecho, O'Kelly no es el único caso que ejemplifica tal actitud. En su libro *Martes con mi viejo profesor*, Mitch Albom relataba cómo Morrie Schwartz, un profesor universitario retirado que padecía esclerosis lateral amiotrófica (ELA), encontró sentido en sus últimos meses compartiendo con Mitch, que había sido uno de sus antiguos alumnos, unos ratos agradables. Cada martes, alumno y profesor se reunían para hablar sobre la vida, la muerte, el amor o el propósito. De esta forma, Morrie no se centró en el dolor o en la pérdida física que supone la muerte, sino en el legado emocional y espiritual que podía dejar a los demás, porque, en su caso, vivir con propósito consistía justamente en seguir enseñando, transmitiendo sus lecciones de vida, y ayudando a quienes lo rodeaban a encontrar su propio sentido.

«La manera en que pasas el día es la manera en que pasas la vida», afirmaba Morrie, cuyo testimonio invita a cualquier persona a encontrar consuelo y propósito en sus últimos días enfocándose en aquello que ha dado sentido a su vida. Una búsqueda que en el caso de Morrie se centró en la enseñanza, pero que, para otras personas, puede traducirse en diferentes proyectos como escribir un diario, dejar cartas de despedida a seres queridos o compartir sus experiencias y aprendizajes con familiares o amigos. Definitivamente, el acto de reflexionar sobre el propio legado y sobre cómo nuestras acciones y valores perdurarán en los que nos sobreviven es una vía que proporciona sentido a la vida y, en último término, esa paz de espíritu que reduce la ansiedad que se deriva del miedo a la muerte.

La práctica de los cuatro poderes en la vulnerabilidad de salud

Si padeces una pérdida importante de salud por enfermedad física grave, crónica, degenerativa o incapacitante que te hace sentir vulnerable, y más aún si existe la posibilidad de una próxima despedida, te propongo:

- Como prácticas generales para controlar el estrés y mejorar la gestión emocional, las indicadas al final del capítulo 6 de prácticas universales.
- Como prácticas específicas de los cuatro poderes en condición de vulnerabilidad:

- Para reflejar por escrito tus vivencias y reflexionar sobre ellas redacta en «Mi diario de legado», práctica 10.
- Para dejar un testimonio de lo que has querido transmitir a tus seres queridos en tu paso por la tierra, redacta «Mi testamento espiritual», práctica 11.

PARTE III

Cuando falta el ser amado

9
El duelo. Comprenderlo para transformarlo

El duelo es un amor
que no tiene un lugar a donde ir.
JAMIE ANDERSON

«Todo fluye, nada permanece», decía Heráclito de Éfeso, que afirmaba también que nadie se baña dos veces en el mismo río. Para el filósofo presocrático, la vida es un continuo cambio. Y, como en cualquier cambio, a veces se gana y a veces se pierde. Cuando eso sucede, lo bueno es fácil de integrar, pero, si hablamos de algo importante para la persona, la pérdida genera frustración y tristeza porque nos obliga a adaptarnos a una nueva realidad con la que no contábamos.

Cuando está relacionada con seres amados, lo llamamos *duelo por un ser querido*; como venimos señalando a lo largo del libro, no se trata de una enfermedad, sino de una respuesta natural ante la pérdida de una persona cercana. En el noventa por ciento de los casos, si el afectado tiene una red de apoyo adecuada, ese duelo evoluciona favorablemente. Sin embargo, hay un diez por ciento menos afortunado que se decanta hacia lo que llamamos un *duelo complicado* o *patológico*.

Aunque dedicaré uno de los siguientes capítulos a ese duelo no resuelto, en este que nos ocupa exploraremos cómo comprenderlo, validar nuestras emociones y aplicar las enseñanzas de las Experiencias Cercanas a la Muerte, junto con el legado del ser querido, para transformar el sufrimiento en una fuente de significado y crecimiento.

LA IMPORTANCIA DE VALIDAR EL DOLOR

El duelo es un proceso complejo. Si bien nos afecta en todas las áreas —cuerpo, sentimientos, pensamientos, conductas y valores—, cada persona lo vive de manera singular dentro de un repertorio amplio de posibilidades.

Nuestro entorno, que se incomoda con nuestro dolor prolongado, desea que lo superemos cuanto antes y volvamos a la normalidad. Sin embargo, las personas, cuando vivimos un duelo, no funcionamos así. No basta con desear superarlo, también es preciso que nos PERMITAMOS sentir, aceptar y expresar ese dolor, como el agua de lluvia que ha de llegar al mar. Es a eso a lo que llamamos *validar el duelo*, que no es otra cosa que el hecho de procesar que, a partir de entonces, las cosas serán diferentes. No solo no veremos más a esa persona querida, sino que se perderán los sueños que habíamos forjado junto a ella. Aprender a asumirlo es el camino de la auténtica sanación, no hay otro.

La psiquiatra y escritora suizoestadounidense Elisabeth Kübler-Ross publicó en 1969 *Sobre la muerte y los moribundos*, un maravilloso libro en el que dio a conocer lo que ella consideraba las cinco fases del duelo:

1. **Negación:** la mente se resiste a aceptar la pérdida.
2. **Ira:** el dolor puede convertirse en frustración o rabia que puede ir dirigida hacia uno mismo, hacia otras personas o contra la situación en general.
3. **Negociación:** se busca retrasar la realidad de la pérdida en un sentido emocional, a veces intentando pactar incluso con un poder superior.
4. **Depresión:** al enfrentar la realidad, el dolor se intensifica y la tristeza llega a su punto máximo.
5. **Aceptación:** aunque el dolor persista, la persona comienza a adaptarse a lo que queda y encuentra formas de reorganizar su vida.

Las fases de Kübler-Ross detallan los estadios habituales por los que acostumbran a pasar los sufrientes. Aunque no tenían que producirse todas y ni siquiera en ese orden, su propuesta supuso en su momento un avance compasivo, en un contexto cultural que imponía ser fuertes, ocultar las emociones y completar cuanto antes con ese proceso de duelo. A diferencia de esas estrictas creencias, Elisabeth proponía expresar el dolor, dejar que corran las lágrimas sin retenerlas, sin imponer plazos; todo ello de una forma empática, sin dar soluciones ni juzgar, solo acompañar, siendo conscientes de que, como defendía Kübler-Ross, todo lo que aparezca en ese proceso estará bien.

Con este cambio de paradigma, el duelo dejaba de ser una enfermedad que necesitaba cura para transformarse en un proceso natural que no solo debe ser vivido, sino que puede servir como medio para que nos reconciliemos con la pérdida, honrar la memoria de nuestro ser querido y encontrar un nuevo equilibrio en nuestra vida. En definitiva, suponía un nuevo enfoque descriptivo y pasivo que, a principios de los años ochenta, evolucionaría a un modelo más activo.

LAS TAREAS DEL DUELO: UN ENFOQUE ACTIVO PARA SANAR

En 1982, el psicólogo William Worden publicó su libro *El tratamiento del duelo*, en el que exponía que este proceso natural implica una serie de tareas que debemos enfrentar conscientemente para así adaptarnos a la pérdida de manera saludable. No se trataba de eliminar el dolor, sino de ayudar a que el proceso fuera más manejable, dando dirección en el caos emocional inicial.

Entre otras aportaciones al tema, Worden formuló cuatro «tareas del duelo», es decir, otras tantas acciones conscientes que nos ayudan a integrar la pérdida. A diferencia de lo que sucedía con las «fases del duelo» de Kübler-Ross, las propuestas de Worden no son etapas que se suceden unas a otras, sino «tareas» que hay que resolver en su totalidad para conseguir integrar una pérdida y pensar en el ausente sin dolor. Cuando no se completa alguna de ellas, ha de verse como un bloqueo en esa área del proceso.

En el enfoque activo para sanar, el terapeuta hace un seguimiento del proceso, denominado *asesoramiento del duelo*, cuyo objetivo es verificar el progreso adecuado en las tareas para prevenir los bloqueos. No hay plazos fijos. Conviene recordar que superar algunas de sus fases hasta llegar a ese punto en el que, aunque puede existir nostalgia, no haya dolor, puede requerir algunos meses, sino años. En estos casos, la personalidad previa del doliente y las características de la pérdida resultan claves para esa variabilidad.

Cuando una tarea se integra, se constata con unos comportamientos y actitudes que nos indican que el proceso evoluciona bien. Es lo que llamamos *manifestaciones de la tarea*. Sin embargo, en aquellos casos en los que los pacientes se bloquean en alguna o varias de las fases de manera permanente y cada vez más profunda, se produce el llamado *duelo patológico*. Si eso sucede, el terapeuta debe tomar un papel más proactivo y poner en marcha lo que se conoce como *terapia del duelo*, destinada a que la persona salga de ese bucle indefinido.

En el duelo no complicado estas tareas pueden beneficiarse de las enseñanzas de las ECM, para que, combinadas, el duelo se transforme en una oportunidad de crecimiento personal y espiritual.

1. Aceptar la pérdida

Independientemente de las creencias de cada cual, es un hecho que la persona querida no volverá de una forma física, al menos en esta vida, y que nada de lo que hagamos conseguirá revertir tal situación. Desde una visión materialista, devolvemos al universo hasta el último átomo y retornamos a nuestro estado inicial de polvo de estrellas. Cuando se confía en un reencuentro transcendente, la vida terrenal es una oportunidad de crecimiento interior y de ayuda compasiva a los que nos rodean que hay que completar de forma natural obteniendo el máximo potencial.

Las manifestaciones de esta tarea serían:

- Superar la negación o la incredulidad inicial.
- Enfrentar los recuerdos y recordar al ser querido en el pasado, aceptando que no estará en el futuro.

El bloqueo en esta fase, sin embargo, supondría la negación de la pérdida:

- De su realidad: «No está muerto y cualquier día aparecerá por la puerta».
- De su significado: «No estábamos tan unidos».
- De su irreversibilidad: «Sigue conmigo aunque tú no lo veas».

Las ECM suelen reflejar un estado de conexión con el universo y con su poder de unidad. Además, nos enseñan que la esencia inmaterial de la persona sigue conectada al todo, ofreciéndonos una perspectiva espiritual y energética más amplia, como sucedió en el caso de María, una mujer que perdió a su esposo después de una larga enfermedad.

Sus hijos, Dani y Mariona, y su trabajo en una tienda le ocupaban el día. Sin embargo, las noches se hacían eternas, debido a un sueño intranquilo y al deseo de ver a la mañana siguiente a su esposo, en la casa y con su taza de café. Si bien su negación era una manera comprensible de protegerse del dolor inmediato, también le impedía resolver, atrapada en una sensación de irrealidad.

En una consulta le pregunté si durante los dos años del tratamiento de quimioterapia de su esposo disfrutaban de algún momento agradable. Me comentó que, al salir de las sesiones, paraban un rato en un jardín botánico que había entre el hospital y su domicilio. Allí había un banco en el que, en los días de buen tiempo, tomaban el sol en silencio escuchando las aves silvestres. Después regresaban a casa renovados de paz. Por ello, cuando el tiempo y su estado físico se lo permitían, volver juntos a su rincón era una maravillosa rutina.

La animé a que regresara allí y explorara sus emociones. El primer día que lo hizo sintió una profunda tristeza. Comprendió que su esposo no volvería, pero, allí sentada, notó que su amor y su conexión seguían presentes de manera espiritual. Ese fue el primer día de otros muchos que la ayudaron a procesar el duelo de forma más consciente.

2. Trabajar las emociones y el dolor de la pérdida

Sentir y procesar el dolor es una parte esencial del duelo. Las emociones de tristeza, rabia, culpa y añoranza son naturales. Lejos de ser reprimidas, deben expresarse. En contraposición a esto, el bloqueo de la pérdida sería no sentir o pensar cosas como que «no hay que llorarle, en el cielo es más feliz». En estos casos, las ECM nos enseñan que el amor trasciende la muerte y que las personas fallecidas siguen estando presentes en un plano espiritual. El legado emocional del ser querido se transforma así en un preciado tesoro que hemos de conservar en nuestro corazón, sin olvidarlo, pero permitiendo que esta energía retenida fluya en una experiencia de conexión amorosa continua.

Las manifestaciones de esta tarea serían:

- Llorar, expresar tristeza o enojo de manera saludable.
- Buscar apoyo para hablar y reflexionar sobre las emociones.
- Explorar y expresar las emociones a través de la escritura, el arte o el apoyo terapéutico, si es necesario.

Este poder del amor y el reencuentro puede ofrecer consuelo y esperanza, como le sucedió a Juana, que perdió a su madre inesperadamente al morir atropellada en un paso de peatones. A sus treinta y siete años, a Juana le consumía la rabia de la injusticia; sus pensamientos obsesivos y odio hacia aquel conductor imprudente le afectaban en su día a día.

Cuando compartió conmigo sus pensamientos y trabajamos al respecto, le sugerí que, cada noche, a una hora concreta y con un fondo musical apropiado, dedicara un rato tan largo como necesitara a expresar en su cuaderno de duelo sus emociones y concretara sus pensamientos como si se los contase por escrito a su madre. Durante el día, cuando le viniesen pensamientos sobre el atropello, en lugar de dejarse arrastrar por la ira o el rencor, convinimos en que practicara «respiraciones tranquilizantes», se dijera a sí misma «ya está aquí Radio Injusticia» y cambiase en el «dial mental» a una emisora que programase una canción alegre, para, a continuación, seguir con lo que estaba haciendo. Poco a poco, su vida se fue transformando en algo más manejable, cosa que demostraba que en su diario de duelo, con el paso de los días, pudiera verse más amor o nostalgia, y menos dolor.

3. Adaptarse a un mundo sin la persona fallecida

Una vez que hemos aceptado la pérdida y hemos conseguido manejar nuestra tormenta emocional, nos hemos de reintegrar emocional, social y espiritualmente.

En este sentido, tenemos que:

- Adaptarnos a roles y responsabilidades que antes asumía el fallecido.
- Desarrollar nuevas habilidades o enfoques para la vida diaria.
- Encontrar un sentido de propósito o un nuevo sentido de identidad tras la pérdida.

Lejos de abrazarse a expresiones como «sin él/ella mi vida no tiene sentido», el papel que esa persona desempeñaba en el hogar y sus responsabilidades deben ser asumidos de forma diferente, porque detener esta tarea implica no adaptarse a la pérdida.

Gracias a su poder de la revisión vital, las ECM ofrecen la oportunidad de replantearnos la vida, con sus agradecimientos, pero también con sus quejas, a las que dar o encontrar perdón, ayudando de esta forma a adaptarnos a ese nuevo mundo sin cargar con conflictos no resueltos. De hecho, el agradecimiento y el perdón tanto hacia uno mismo como hacia el ser querido pueden ser una liberación poderosa, como le sucedió a Carmen, una mujer de treinta y seis años que perdió a su madre tras una larga enfermedad.

Ambas mujeres tenían un carácter fuerte, a veces chocaban y en más de una ocasión su madre se fue de la casa de Carmen dando un portazo. Sin embargo, ahora que faltaba, tanto ella como sus hijos la echaban de menos. Recordaban los dulces artesanos que les hacía o la copita de cava que no podía faltar el domingo para acompañar el brazo de gitano con el que los obsequiaba para el postre. Aunque su padre estaba muy bien físicamente, era evidente que el orden y la limpieza de la vivienda no eran los mismos que cuando vivía su esposa, pero es que Carmen estaba demasiado desbordada como para ocuparse de otra casa.

Finalmente, convino en contratar a una señora de confianza para que limpiara la casa de su padre dos tardes a la semana y le ayudara con la suya una tarde más. En cuanto al jardín, aunque ella seguía ocupándose, su hijo adolescente lo segaría una vez a la semana. Poco a poco, la normalidad regresó a sus vidas y el dolor, que no el recuerdo, se alejó.

4. Reubicar emocionalmente al fallecido y seguir viviendo

La metáfora del frasco y la esfera como imagen de qué significa el duelo y su proceso de sanación resulta de lo más sugerente.

«Si el duelo fuera una esfera…».

Si imaginamos el duelo como una esfera dentro de un frasco, veremos que, en un primer momento, esta esfera ocupará el frasco completo. Las personas piensan que, a medida que pasa el tiempo, esa esfera se hará cada vez más pequeña y liviana. Sin embargo, no es así. Por mucho tiempo que pase, conserva el mismo tamaño y el mismo peso. Por eso, si queremos que ocupe menos espacio en el tarro, lo que debemos hacer es que el recipiente sea más grande.

En el caso del duelo, somos nosotros los que debemos crecer para que haya más espacio, y que ese duelo, igual en tamaño y peso, resulte más pequeño en el conjunto. En otras palabras, el

Si el duelo fuera una esfera…

Cómo las personas piensan que es el proceso de duelo:

Cómo es realmente el proceso de duelo:

ser amado que se fue no tiene por qué desaparecer de nosotros, sino que seguirá teniendo un espacio en el corazón del doliente que deberá asumir nuevos retos y generar nuevas oportunidades para crecer y hacerse más grande.

Bloquear esta tarea implica cerrarse a nuevas opciones recurriendo a pensamientos como «ya no podré querer a nadie más». Sin embargo, las ECM nos enseñan que la vida tiene un propósito profundo y que el fallecimiento no es el fin de la conexión emocional, sino una transición a otra normalidad. Con lo que se tiene, se ha de continuar construyendo una vida con sentido, como le sucedió a los treinta y tres años a Pilar cuando perdió a su marido.

Según me contó ella misma, Miguel había sido el hombre de su vida. Se conocían desde el instituto, se casaron, tuvieron un hijo y todo fluyó con naturalidad hasta el accidente de camión. Fue una tarde de un martes cualquiera, sin ningún aviso ni despedida. Su cuñado, que era su socio y también camionero, se puso al frente de la agencia; ella echaba una mano en la oficina. Vivían en un pueblo y con frecuencia le decían que la vida sigue, que ella era joven y que podría encontrar otro hombre. Aunque solía responder con una sonrisa, ese tipo de comentarios la molestaban muchísimo. Pilar solía venir a mi consulta para revisar su diabetes y, con el tiempo, pude apreciar cómo fue avanzando por sí misma en su proceso. En una conversación me contaba que había vuelto a salir con sus amigas de siempre los fines de semana, porque bailar la liberaba mucho.

Como le sucedía a Pilar cuando iba a bailar, hay muchas actividades que pueden aliviar el duelo y contribuir a la recuperación de esa vida sin dolor. A continuación, te presento algunos ejercicios prácticos que pueden ayudar a aliviar el sufrimiento emocional.

1. Arteterapia para la expresión emocional

A través de la pintura, el dibujo, la escultura, la cerámica, el ikebana y otras tantas actividades, es posible procesar el dolor haciendo que las emociones se manifiesten de una forma no verbal a través de la creatividad. Para lograrlo no es necesario tener un talento artístico especialmente destacable. El resultado estético no es tan importante como el hecho de utilizar las técnicas artísticas para expresar y liberar las emociones acumuladas.

Por ello, te propongo que dediques un tiempo para crear algo que simbolice tu relación con el ser ausente, sin preocuparte demasiado por el resultado final, porque, en este caso, el camino será el viaje. Una vez terminado, permítete sentir de forma intuitiva lo que esta creación te dice acerca de ti y de tu proceso de sanación.

2. Terapia de movimiento corporal

El duelo es un fenómeno complejo que no solo tiene efectos emocionales que afectan a la salud de nuestra mente, sino que influye en la salud física de nuestro cuerpo. Por esta razón, ejercicios de movimientos conscientes como el yoga o pasear en un entorno natural pueden ser formas de liberar esas tensiones que el cuerpo ha ido acumulando. Con ese objetivo *in mente*, te propongo que realices cada movimiento enfocándote en tu respiración y en cómo tu cuerpo se siente en ese momento. Déjate llevar y mueve tu cuerpo libremente, expresando con el movimiento cualquier emoción que surja durante el ejercicio. La conexión entre el cuerpo y la mente trae consigo una sensación de paz y liberación interior, al tiempo que aportan consciencia y serenidad.

3. Terapia de sonido

La música amansa a las fieras, reza un refrán popular que posiblemente se limitaba a resumir la leyenda de Orfeo, cuya armoniosa lira calmaba a los animales y aportaba paz a los hombres. Más allá de tales explicaciones míticas o populares, lo cierto es que está comprobado científicamente que los sonidos tienen el poder de calmar la mente y el alma. Por tanto, escuchar música relajante, tocar un instrumento o, sencillamente, utilizar cuencos tibetanos puede contribuir a liberar las tensiones acumuladas durante el duelo.

Si decides probar este ejercicio, te propongo que busques un lugar tranquilo en el que puedas escuchar una pieza musical que conecte contigo emocionalmente. Cuando suene la música, cierra los ojos, concéntrate en las vibraciones del sonido y comprueba cómo influyen en tu estado emocional. Si lo prefieres, puedes ser tú mismo el que genere ese sonido, empleando un instrumento simple que no requiera de entrenamiento o aprendizaje previo. Por ejemplo, una campana, un cuenco tibetano o tu propia voz. Repetir un mantra prestando atención al sonido, la vibración y la respiración puede tener efectos muy positivos en la evolución del duelo. Por último, el duelo puede ser un buen momento para recuperar ese instrumento cuyo estudio abandonaste o aquella guitarra de la adolescencia con la que interpretabas las canciones que más te gustaban. Tócalos y permite que el sonido llene el espacio y te envuelva. La sensación que se logra con este ejercicio puede evocar la paz que se describe en muchas ECM, en las que el sonido suele representar una conexión con lo divino o con la unidad del universo.

4. Terapia con naturaleza

La naturaleza es la prueba fehaciente del ciclo de la vida. En ella encontramos múltiples ejemplos del nacimiento, la muerte y la regeneración. Por tanto, pocas actividades más eficaces para superar el duelo que tener contacto con la naturaleza. Además, la interrelación de todos los seres vivos con el entorno natural recuerda al poder de la conexión con la unidad que se suele experimentar en las ECM.

Si te decides a utilizar esta vía para superar el duelo, te propongo que emprendas una caminata consciente en un entorno natural, como, por ejemplo, un parque o un bosque. Se trata de un ejercicio consciente, por lo que será necesario que, mientras caminas, prestes especial atención a tu calzado, que lo sientas en contacto con la hierba, con la arena del sendero, con el crujir de las hojas en el suelo o que prestes atención al susurro del viento entre los árboles. Déjate llevar, piérdete entre la vegetación y permite que sea el bosque el que te encuentre. De esta forma, obtendrás una sensación de paz y unidad muy semejante a la que muchos hemos experimentado en nuestras ECM.

La práctica de los cuatro poderes en el duelo

Si te encuentras en situación de duelo te sugiero:

- Prácticas generales universales tal como se indican en el capítulo 6.
- Prácticas específicas para la condición de duelo:

- Para trabajar la aceptación de la pérdida, práctica 12.
- Para trabajar la conexión emocional con el ausente, prácticas 13, 14 y 16.
- Para reflexionar sobre la adaptación a la nueva realidad, práctica 15.

10
Los grupos de duelo

> Alivio mi dolor hablando de mi amor.
>
> Arnaldo Pangrazzi

El ser humano es un animal social. Buena prueba de ello es que, desde tiempo inmemorial, la función de la tristeza es provocar la generosidad y la atención del grupo hacia el individuo que sufre. Por este motivo, en todo proceso de duelo se recomienda aumentar el contacto social, pues está comprobado que las personas con sólidos vínculos sociales y afectivos tienen mejor pronóstico a la hora de superar ese trance vital, de manera que el aislamiento, deseado o no, resulta perjudicial para quien ha sufrido una pérdida. La importancia del contacto social es tal que, cuando los recursos propios no son suficientes para asegurar ese soporte social, se aconseja recurrir a la ayuda profesional y a los grupos terapéuticos.

En todo caso y a pesar de sus semejanzas, un grupo terapéutico no es lo mismo que un grupo de amigos. Tales diferencias radican no solo en su finalidad y recursos, sino en el hecho de que no todas las personas requieren el mismo nivel de apoyo. De hecho, en lo que se refiere a los grupos terapéuticos, hemos de distinguir entre:

- **Asesoramiento en duelo.** Se trata de una ayuda orientada a facilitar el curso de un duelo normal a través de apoyo profesional y normalización de la experiencia.
- **La terapia de duelo.** Cuando el duelo se complica, es necesario recurrir a intervenciones psicoterapéuticas más profundas y especializadas para evitar la cronificación. En estos supuestos y para evitar que una intervención incorrecta o insuficiente pueda empeorar el curso ya de por sí difícil del

duelo, el profesional de la psicoterapia precisa de una formación específica.

¿QUÉ SON Y CÓMO FUNCIONAN LOS GRUPOS DE DUELO?

Los grupos de duelo son reuniones en las que personas que han perdido a un ser querido se encuentran para compartir sus experiencias y ofrecerse apoyo mutuo, aprendiendo de las historias de los demás. Ese sentido de comunidad fomenta la conexión y ayuda a reducir el aislamiento, que, como ya hemos mencionado, es una de las experiencias más dolorosas del duelo, así como una traba para su superación.

Las reuniones de un grupo de duelo no son espontáneas, sino organizadas, periódicas y se realizan en persona o a través de herramientas online. Para que resulte eficaz, es muy importante elegir correctamente a sus miembros e incluso someter a los nuevos integrantes a sesiones individuales para valorar si pueden sumarse a ese grupo en concreto, o si, según sus particularidades, deben asistir a otro. En todo caso, el requisito imprescindible para participar en un grupo de duelo es que la persona solicite su inclusión por sí misma. Aunque en muchas ocasiones, y con la mejor de las intenciones, el entorno presiona a la persona para que se integre en uno de estos grupos, si el interesado o la interesada no están convencidos, el efecto de las reuniones puede resultar no ya inocuo, sino contraproducente.

De igual modo, las personas que se encuentran en estado de shock, aquellas que sufren una adicción activa o las personas sobremedicadas, tampoco serán buenas candidatas para este tipo de herramientas, pues no tienen una disponibilidad psicológica suficiente. Por último, es importante aclarar que todos los miembros del grupo de duelo se sientan cómodos entre sí, ya que resulta inevitable que, a lo largo de las reuniones, surjan revelaciones de carácter íntimo o personal.

Principales beneficios de los grupos de duelo

Aunque los beneficios de tales herramientas dependen en muchos casos de las características, personalidades y actitudes de aquellos que las utilizan, es posible apuntar a los más comunes:

- Los grupos de duelo ayudan a sentirse comprendido.
- Permiten expresar emociones en un espacio seguro.
- Facilitan el aprendizaje partiendo de las experiencias de los demás.
- Construyen resiliencia.
- Proporcionan un apoyo continuo diferente al que puede ofrecer la familia.

¿Cómo funcionan los grupos de duelo?

Aunque cada grupo tiene su propia estructura y dinámica de funcionamiento, suelen seguir un formato más o menos similar para facilitar la expresión emocional de los participantes y fomentar el apoyo mutuo entre sí. A grandes rasgos, el esquema de una de estas reuniones suele ser:

1. **Apertura con reflexión o introducción.** El terapeuta inicia la reunión con una reflexión, una cita inspiradora o un breve ejercicio de *mindfulness* para centrar a los participantes en el momento presente.
2. **Espacio de expresión o reflexión.** En esta fase del encuentro, pueden darse diferentes actividades:
   a) **Compartir historias.** Aquellos participantes que lo deseen pueden compartir sus sentimientos relativos a la pérdida que han sufrido, así como los retos a los que se están enfrentando. En esta fase, es imprescindible desarrollar la escucha respetuosa, por lo que no se permite a los participantes emitir juicios, opiniones, ni se interrumpe a la persona que comparte su testimonio, pues es necesario

que los participantes sientan que sus emociones son válidas y compartidas por los demás.

b) **Temas específicos.** En ocasiones, los participantes pueden abordar un tema específico. Por ejemplo, «el aniversario de la muerte», «cómo superar la culpa» o «cómo recordar a nuestro ser querido en las festividades», así como otros temas relacionados con el duelo que pueden resultar especialmente dolorosos.

c) **Aprender nuevas habilidades.** Se anima a desarrollar, por ejemplo, herramientas de tipo cognitivo conductual.

3. **Cierre.** Antes de concluir la sesión, es habitual hacer una puesta en común y formular propuestas para el día a día. Para explicarlo brevemente, podríamos decir que es «aquello que nos llevamos de este encuentro».

Para entender mejor cómo funciona un grupo de duelo, puede resultar útil que comparta contigo la experiencia de una de mis pacientes, Isabel, que, a sus cincuenta años, perdió a su hermana a consecuencia del cáncer. Aunque vivía en una gran capital, se sentía muy sola, porque, en los últimos años, había reducido mucho sus relaciones. Cuando se enteró de que en su ambulatorio habían creado un grupo de duelo que llevaban entre Esther —la psicóloga comunitaria del centro— y Antonia —profesora de Literatura jubilada, que, después de perder a su hijo, decidió colaborar en el proyecto como «paciente experta»—, decidió apuntarse.

Era un taller de diez semanas en el que los integrantes adquirían compromisos como la confidencialidad o el respeto, pero gozaban de cierta flexibilidad a la hora de asistir o no. Así podían adaptarse a la situación anímica de cada persona. No obstante, el grupo solía estar compuesto por entre ocho o diez personas y la asistencia era muy alta.

A través de esos talleres, Isabel conoció a otras personas que estaban viviendo situaciones similares a la suya. Aunque en un primer momento se mostraba reacia a compartir sus emociones, a medida que iba escuchando las historias de los otros participantes, fue teniendo la confianza necesaria para expresar sus propios sentimientos. Finalmente, las sesiones del grupo de duelo se convirtieron en un espacio seguro en el que hablar sobre su dolor y recibir apoyo de personas que, a diferencia de su entorno cercano, sí que comprendían su experiencia. Además, como se trataba de un grupo que se reunía por las tardes, no era extraño que alguno de los participantes llevase un postre casero, por lo que el encuentro acababa en una merienda informal que ayudaba a generar lazos de amistad entre los participantes. Al finalizar el programa, Isabel se sentía mejor y trabó algunas buenas amistades con las que aún mantiene el contacto.

LAS NUEVAS TECNOLOGÍAS: MÁS OPCIONES PARA ACOMPAÑARNOS EN EL DUELO

Mientras escribo estas líneas, pienso que no es descabellado que cuando leas este libro lo hagas en un dispositivo electrónico. Las nuevas tecnologías como internet, los teléfonos móviles, las tabletas y los ordenadores han revolucionado los medios de comunicación y, en consecuencia, las formas en que nos comunicamos emocionalmente. Una transformación que también ha tenido un impacto profundo en cómo nos enfrentamos al duelo.

Como comentaba en el capítulo 7, tradicionalmente, la comunidad se encargaba de apoyar en duelo, reuniéndose en el domicilio de la familia del fallecido. Posteriormente, ese escenario fue sustituido por los tanatorios y, en la actualidad, esas redes de apoyo ni siquiera necesitan ser presenciales. La digitalización ha permitido que el consuelo de amigos, conocidos y familiares llegue a los afectados incluso cuando algunos de ellos se encuentran distanciados geográficamente. De igual manera, los grupos de duelo también pueden realizarse a través de plataformas online, siempre que se tengan en cuenta algunos aspectos importantes.

Ventajas y limitaciones de las actividades de duelo online

Las actividades online de duelo traen consigo oportunidades muy interesantes, útiles y variadas tanto individual como grupalmente. Estos espacios digitales no solo son accesibles y flexibles, sino que permiten una experiencia personalizada en la que cada persona puede gestionar el duelo a su ritmo, para lo cual es importante considerar dos aspectos:

- **El tipo de duelo.** En los casos en los que el duelo no sea complicado, la actividad puede ser más abierta y elástica. No obstante, el duelo patológico requiere grupos cerrados y con un fuerte compromiso. En ambos casos se aconseja adaptar el grupo a cada fase del duelo, evitando mezclar personas en estadios iniciales con otras que están en procesos de resolución.
- **El moderador.** Para reuniones de personas con duelo no complicado, el moderador puede ser un profesional entrenado. Por ejemplo, una trabajadora social, una enfermera o incluso un «paciente experto» con una pequeña formación específica. En cambio, en el duelo patológico, el encargado de moderar el grupo ha de ser necesariamente un profesional del ámbito de la salud mental. Tanto en un caso como en otro, el moderador ha de tener criterio suficiente para detectar duelos complicados y circuitos de derivación a salud mental.

Como sucede en los grupos de duelo presenciales, en su modalidad online ha de haber siempre una estricta ética de grupo basada en la confidencialidad, el respeto, la puntualidad, el compromiso, y no dar consejos más allá de explicar lo que suele funcionar en las situaciones planteadas. En este sentido, las actividades grupales online tendrían las siguientes ventajas respecto a su versión presencial:

- **La accesibilidad geográfica.** Cualquier persona puede acceder a ella sin importar su lugar de residencia.
- **Flexibilidad de horarios.** Es más sencillo adaptarse a las necesidades laborales y familiares de los participantes.
- **Continuidad del proceso.** La comodidad de la herramienta ayuda a que los implicados no abandonen el proceso.
- **Reducción del sentimiento de aislamiento.** Las actividades grupales online, como las presenciales, contribuyen a que el usuario no se sienta solo.
- **Diversidad de enfoques.** Escuchar los testimonios de otras personas permite ver nuevas estrategias a la hora de afrontar el duelo.
- **Puede enriquecerse con invitados de interés.** En algunas ocasiones, la sesión puede contar con personas cuyo testimonio resulte interesante; pueden aportarlo siempre que cumplan con las mismas reglas de respeto y confidencialidad que los otros participantes.

Sin embargo, también las reuniones online tienen sus limitaciones:

- Dificultad para regular las emociones intensas en la distancia.
- Si los moderadores no están cualificados y son inexpertos, aumentan las posibilidades de transmitir información inadecuada o consejos no profesionales.
- Riesgo de filtración en la confidencialidad.
- Dificultades técnicas y de acceso.
- Dificultad para limitar la exposición al duelo por parte de participantes con duelos más complicados.

A pesar de esos pequeños inconvenientes, las ventajas de los grupos online son, como se ha demostrado previamente, muchas. Prueba de ello es el testimonio de Ana, una mujer de cincuenta y ocho años que, cuando perdió a su marido, sintió como si el reloj se le hubiera parado. «Aunque estaba rodeada de amigos y familiares, mi sensación era que nadie podía comprender el dolor profundo que estaba viviendo. Alguien me había hablado de los grupos de duelo, pero, en mi estado anímico, la idea de ir a una reunión en persona me resultaba muy incómoda. Vivía en un pueblo y trasladarme a la capital no era opción para mí. Una dificultad que se añadía al hecho de que no me sentía preparada para abrirme emocionalmente frente a extraños en una sala física», me comentaba Ana, que, un buen día, mientras navegaba por internet, encontró la página de un centro en la que una psicóloga ofrecía actividades grupales online a un precio razonable.

«Pensé que podría ser una buena solución para mí, porque, sin necesidad de desplazarme ni exponerme, podría escuchar a otras personas contar sus experiencias. Decidí darle una oportunidad, y ya en la primera sesión, a pesar de que estábamos todos conectados desde nuestras casas, sentí una cercanía inesperada, por lo que me comprometí a asistir semanalmente. Éramos seis personas en el grupo. Todos vivíamos situaciones similares, más o menos. Aunque nuestras circunstancias personales eran diferentes, coincidíamos en que todos habíamos sufrido la pérdida de alguien querido. Por eso, poder ver sus caras y escuchar sus historias hizo que me diera cuenta de que no estaba sola en mi dolor, que había un hilo que nos unía».

Lo que a Ana le resultó más útil de estos encuentros fue la flexibilidad del formato. «Podía asistir desde la comodidad de mi hogar, en un espacio seguro. Aunque en un primer momento me limitaba a escuchar, con el tiempo empecé a compartir mis propios sentimientos. De pronto, descubrí que expresarme en ese entorno virtual, sin la presión de estar frente a alguien físicamente, me hacía sentir más libre para hablar de lo que realmente sentía. Si tenía un mal día y prefería estar en silencio, no se me forzaba».

Mercè, la moderadora del grupo, guiaba las conversaciones cuidadosamente, asegurándose de que todos tuvieran su espacio para hablar. Además, en cada sesión aportaba herramientas para que los asistentes gestionasen sus emociones, como ejercicios de respiración y *mindfulness* que podían practicar en casa. «Después de varias semanas, noté un cambio en mí. El dolor seguía ahí, pero ya no era tan agobiante. Saber que había un grupo de personas dispuesto a escucharme y a apoyarme, incluso a través de una pantalla, me dio ánimos», recuerda Ana, que esperaba con ilusión que llegase el miércoles por la tarde para sumarse a la reunión. «Además, trabé una amistad profunda con dos de las mujeres del grupo; aún hoy solemos llamarnos. De vez en cuando, nos encontramos presencialmente y cenamos en un restaurante próximo. Con ellas me siento casi en familia», concluye.

La práctica de los cuatro poderes en actividades grupales

Las dieciséis prácticas propuestas en el primer anexo pueden ser adaptadas por los facilitadores para su desarrollo grupal, bien sea como prácticas directas en el grupo o como actividades para hacer en casa tal como se ha indicado en los diferentes capítulos 6, 7, 8 y 9.

Cada facilitador tiene sus herramientas y protocolos, por lo que se debe considerar la elección de nuestras propuestas según su propio criterio.

Creo que es útil la lectura de este libro por los participantes para la comprensión de su proceso y la consideración de los argumentos expuestos a lo largo de este.

11
Cuando el duelo se complica

A menudo, el sepulcro encierra, sin saberlo,
dos corazones en el mismo ataúd.
ALPHONSE DE LAMARTINE

No sé si recuerdas que en el capítulo 9 mencioné que algunos duelos, alrededor del diez por ciento, no siguen su proceso natural, se complican y dan lugar a lo que se denomina *duelo patológico* o *complicado*. Aquellos que lo sufren, además de no conseguir superar la pérdida del ser querido, desarrollan diferentes problemas de salud mental y física que pueden manifestarse en cuadros de ansiedad, depresión, abuso de medicamentos o consumo de drogas, e incluso riesgo de suicidio.

En el año 2023 se produjeron, según datos del Instituto Nacional de Estadística, alrededor de cuatrocientos treinta mil fallecimientos en España. Si tenemos en cuenta que cada muerte afecta a una media de seis personas del entorno cercano del fallecido, cada año, doscientas cincuenta mil personas están en riesgo de sufrir un duelo patológico en nuestro país. Estos escalofriantes datos demuestran que, además de un problema personal, el duelo patológico es un problema de salud pública. Para paliarlo, en los últimos años se han puesto en marcha unidades específicas en los servicios de oncología de los hospitales y en algunos centros de salud mental, aunque, ante la magnitud del problema, sospecho que son insuficientes.

A pesar de lo escaso de esos recursos, como profesional de la medicina creo que la prevención es una estupenda estrategia en cuestiones de salud. Por esa razón, en este capítulo, me gustaría abordar algunos criterios que te permitan entender mejor qué es el duelo patológico y cuáles son las señales a las que debes estar atento para reconocerlo. También me gustaría aclarar que, si tú o alguien de tu entorno os encontraseis en uno de estos supuestos, se requerirá la atención de personal sanitario cualificado como, por ejemplo, psicólogos, psiquiatras, médicos o enfermeras con formación específica en duelo.

Como es por todos conocido, los duelos son procesos penosos, pues se enfrentan a una pérdida irreversible ante la que no podemos hacer nada. Impotentes, hemos de contemplar cómo ese ser amado, con el que compartíamos sueños y esperanzas, desaparece de nuestra vida para siempre.

Si bien ese es un hecho compartido por todos los seres humanos, no todas las pérdidas son iguales ni todos los dolientes tienen la misma resiliencia. Por tanto, no es posible hablar de que exista una forma «correcta» de transitar por el duelo. Lo que sí que es necesario es que, desde un principio, se produzca una progresión que concluya en la integración de la pérdida. Cuando tal cosa sucede, se habita en el recuerdo y en el agradecimiento por los buenos momentos compartidos, y la mirada puede centrarse en nuevos horizontes. En definitiva, quiero que sepas que, antes o después, hay una salida.

No obstante, cuando el doliente se enreda desorientado en la maraña de sentimientos y pensamientos confusos, el duelo se vuelve patológico. Esto provoca que se resienta su fortaleza física, su salud emocional, su equilibrio psicológico, y que no sea capaz de construir una vida con significado. En estos casos, superar el duelo no es una cuestión de tiempo, porque, por las particularidades de esta patología, el doliente queda atrapado eternamente en la tristeza, en el vacío y en un dolor que se apodera de cada rincón de su vida.

Igual que no hay dos duelos iguales, tampoco hay una lista fija de síntomas, pero sí ciertas señales que indican que el proceso no discurre adecuadamente. De esta forma, cuando una persona experimenta varios de los síntomas que se describen a continuación, hemos de empezar a preocuparnos y recurrir a ayuda profesional para que el doliente no se pierda en el camino.

- **Persistencia de un profundo dolor emocional.** Las sensaciones de vacío y desesperanza se perciben como algo inevitable que no tiene fin. Para la persona que sufre el duelo patológico, cada día es tan desgraciado como el anterior, y mañana no será mejor.
- **Negación permanente de la pérdida.** Resulta imposible aceptar que la persona querida ya no está, hasta el punto de aferrarse a la fantasía de que entrará por la puerta en cualquier momento.
- **Sensación de culpa permanente.** En la persona aquejada de duelo patológico, la pérdida del ser querido hace aflorar un sentimiento de culpa por lo que se dijo o lo que se dejó de decir; por lo que se hizo o se dejó de hacer; por la idea de que se podía haber estado más presente e implicado en la vida de quien falta. Es posible que incluso se llegue a creer que, de haber estado más atento a las señales precoces de lo que al final ocurrió, el dramático desenlace se hubiera evitado. En definitiva, el «si yo hubiera» martillea permanentemente la cabeza de la persona, provocando que esa infinidad de pequeños asuntos que hemos de atender en nuestra vida cotidiana se resienta.
- **Aislamiento de los demás.** Incomprendido e imposibilitado para manifestar su dolor, la persona aquejada de duelo patológico evita cualquier contacto social, aunque, a su vez, ese aislamiento provoque que el sufrimiento aumente.
- **Obsesión con el pasado.** Todo el foco está puesto en aquellos momentos claves de la vida compartida con el fallecido. Los mismos hechos se reviven una y otra vez hasta el extremo de que cualquier otra conversación no es atendida, lo que da lugar a un «diálogo de sordos».
- **Reacciones emocionales exageradas.** Cualquier situación, por mínima o inocente que sea, es susceptible de provocar una reacción desproporcionada en el doliente que puede ir desde la ira al llanto.
- **Apego a posesiones materiales del fallecido.** A pesar de no tener utilidad o incluso resultar inconvenientes, la persona

que sufre un duelo patológico experimenta una suerte de fetichismo hacia los objetos del muerto que le aportan un sentimiento de seguridad, que, si bien sirve de consuelo a corto plazo, dificulta la recuperación a largo plazo.

- **Compulsión al repetir constantemente gestos o actitudes del difunto.** Se fantasea sobre lo que hubiera dicho o hecho el difunto en una situación concreta; en ocasiones, se imitan sus gestos y expresiones de forma inapropiada.
- **Somatizaciones.** Se cronifican molestias como el insomnio, la tristeza, la fatiga constante, los dolores difusos y erráticos, los vómitos y las diarreas, dolores de estómago o las palpitaciones, todas ellas sin causa médica objetiva.
- **Pérdida permanente de propósito vital.** La persona llega al convencimiento erróneo de que no hay nada más allá de su pérdida, limitando así no solo su presente, sino también su vida futura.
- **Incapacidad de hablar de la pérdida sin una intensa reacción emocional.** Resulta imposible abordar cualquier aspecto que haga referencia a la persona fallecida sin hacerlo desde una sensibilidad que el doliente no puede controlar.

Una vez detectada la existencia de un duelo patológico, es necesario determinar sus características para abordarlo. Para ello, J. William Worden, psicólogo y especialista en el asunto, agrupa los duelos complicados en cuatro grandes grupos:

- **Duelo crónico.** Si bien es normal emocionarse por el recuerdo del fallecido el día de su cumpleaños o en alguna fecha señalada, sin importar los años que hayan transcurrido desde su muerte, cuando todos los días son iguales y nunca se llega a una conclusión satisfactoria, surge el problema. En esos casos, la persona que lo sufre es muy consciente de que no consigue acabar el duelo y lo vive como irremediablemente eterno.
- **Duelo retrasado.** Conocido también como duelo inhibido, suprimido o pospuesto, su origen está en no haber expresado

el dolor de manera suficiente en el momento de la pérdida. Cuando tal cosa sucede, la intensidad con la que se vivirá ese duelo en un futuro será mucho mayor y, en consecuencia, más dolorosa.

- **Duelo exagerado.** Es habitual que la intensidad emocional del duelo sea cada vez más controlable, cosa que permite a aquel que lo sufre desarrollar una vida más acorde con la nueva realidad. En el duelo exagerado, sin embargo, la incapacidad de adaptarse a la vida ordinaria permanece e incluso aumenta con el tiempo, cosa que puede generar trastornos psiquiátricos como depresión, ataques de pánico o abuso de sustancias como el alcohol u otras drogas.
- **Duelo enmascarado.** Cuando un paciente experimenta síntomas y conductas que le causan dificultades en su día a día, pero cuyo origen no puede identificar con la pérdida del ser querido, sufre lo que se conoce como *duelo enmascarado*. Puede tratarse de enfermedades que el doliente percibe como graves, pero sobre las que no se encuentran indicios clínicos claros como, por ejemplo, dolores, diarreas o vómitos. En otras ocasiones, puede apuntar a conductas desadaptativas como cambios violentos del carácter o incluso conductas antisociales y delincuenciales.

Según las investigaciones de Worden, los diferentes tipos de duelo complicado responden a etapas del duelo no superadas cuyo origen está en no haber desarrollado de manera eficaz alguna de las tareas correspondientes. De hecho, una de las finalidades de estas teorías es la de orientarnos en la terapia sobre cuáles son las estrategias que seguir, como demuestra el testimonio de Dolores, una mujer de cincuenta y un años que había perdido a su madre hacía dos décadas y que, desde el primer día, sintió un vacío que no había logrado superar desde entonces.

Su madre, viuda desde muy joven, se volcó en Loli, como acostumbraba a llamarla, sobreprotegiéndola y limitando mucho su contacto social, temerosa de que la niña sufriera por la crueldad de otras personas. Dolores creció con ese temor exagerado y jamás hizo nada que implicase pasar una temporada fuera de casa, porque, como me respondió cuando le pregunté si le hubiese gustado estudiar una carrera: «La mama no se podía quedar sola».

Rehén de tal pensamiento, se mantuvo soltera y muy apegada a su madre; cuando esta falleció, la tristeza y la queja por la pérdida fueron constantes. No obstante, lo que parecía normal en los primeros meses se fue alargando y complicando con el paso del tiempo, hasta el extremo de que Dolores se aisló de la gente, encerrándose en su casa, que solo abandonaba para salir a comprar, tarea que posteriormente dejó de hacer y confió a familiares cercanos.

En su condición de diabética insulinodependiente, debía someterse a controles periódicos, a los que, debido a su situación, finalmente no acudía. Como era mi paciente, a veces me pasaba por su casa con la excusa de revisar su tensión, mirar sus niveles de glucosa o preguntarle si necesitaba alguna receta. Cuando le preguntaba por qué no acudía ella al consultorio, se excusaba diciendo que tenía mucho que hacer, que la casa era grande y que «a la mama le gustaba todo bien limpio».

La vivienda estaba llena de pequeños adornos y figuritas que Dolores limpiaba minuciosamente uno por uno todos los días. Una de las veces que visité la vivienda, tomé en mi mano una foto familiar que tenía en la sala para verla más de cerca y noté su disgusto. Cuando la dejé de nuevo en su lugar, la limpió inmediatamente con el delantal. En sucesivas visitas, veía impotente cómo se iba deteriorando física y emocionalmente, incapaz de asumir la situación en la que se encontraba inmersa. «Yo estoy bien y no necesito a nadie», me respondía cada vez que le preguntaba cómo se encontraba. Con el paso del tiempo, a ese deterioro y tristeza se le sumó la desconfianza. Decía que todo el mundo la criticaba porque le tenían envidia; de hecho, llegó hasta el punto de aislarse completamente del mundo. Aunque tenía teléfono, las ocasiones en que respondía a las llamadas eran contadas. Su único nexo con la sociedad era una prima con la que todavía mantenía relación. Después de varios días sin que esa prima pudiera contactar con Dolores, se forzó la entrada de la vivienda: la encontraron muerta, probablemente a causa de una complicación diabética.

UN MENSAJE DE COMPRENSIÓN

Si al leer este capítulo te has sentido identificado con todo o parte de lo expuesto, puede que el dolor haya tomado un espacio desproporcionado en tu vida y, sin darte cuenta, te estés enfrentando a una de las caras más oscuras de la pérdida.

No eres culpable de nada, tampoco mereces sufrir más. Llora lo que necesites, date permiso para vivir tu dolor sin juzgarlo. Si esos sentimientos todavía permanecen, el primer paso es reconocer que tienes un problema.

En esta situación, pedir ayuda y buscar un espacio donde puedas expresar tus emociones es habitual y aconsejable. Hacerlo no es mostrarse débil ni fallar a quien se marchó. Lo único que sucede es que tu corazón intenta encontrarle sentido a lo ocurrido, pero está buscando en el lugar equivocado. Por eso, con el tiempo y el apoyo adecuado, aprenderás a sobrellevarlo de una forma que honres no solo la memoria de la persona que ya no está, sino también tu vida.

Sanarte y continuar viviendo también es un acto de amor. Amor a ti mismo y respeto hacia quien falta, que no desearía tu sufrimiento. Por tanto, te invito a que comiences a caminar, a reconciliarte con la vida y a encontrarle un nuevo sentido, aunque ahora esa tarea te parezca difícil e inalcanzable. Si para ello necesitas ayuda profesional, no dudes en buscarla.

12
Los rituales del duelo

> La muerte no existe, la gente solo
> muere cuando la olvidan.
> Si puedes recordarme, siempre estaré contigo.
> ISABEL ALLENDE

Una mañana, llamé a la consulta del doctor Martí, a quien conocía poco, y me atendió su enfermera, Llum, con quien tenía una gran amistad desde hacía años. Me comentó que el doctor no estaba; se había tomado el día libre y se había ido con su mujer y sus dos hijos a Port Aventura. Hice una pequeña broma con Llum sobre lo fiesteros que eran todos en esa familia: sin poder esperar al domingo, se habían ido un miércoles. Llum, bajando la voz y con un tono más íntimo, me dijo: «Es el aniversario de la muerte de Paqui, su hija pequeña». Me quedé sin palabras. Me explicó que, después de perderla a consecuencia de una leucemia muy agresiva, a todos les quedó un gran vacío. Desde esa fecha, el 7 de junio, los padres decidieron, pensando sobre todo en sus dos hijos, que el aniversario del fallecimiento lo pasarían en el parque temático preferido de los cinco. Mientras pasean por el circuito y disfrutan de alguna atracción, mencionan a Paqui y sus ocurrencias. El momento más emotivo del día es cuando se suben a la atracción de agua preferida de la niña, el Tutuki Splash. Desde hace seis años, repiten ese ritual. Hacia las cinco de la tarde, la misma hora en que Paqui se marchó, hacen su cola, se ponen sus chubasqueros y se suben a la gran balsa. Al sentarse, se cogen fuertemente de las manos y, mientras caen por la rampa, gritan como Paqui solía hacer. Al salir de la atracción, se funden en gran abrazo, quizá llorando un poco. Cuando vuelven a casa, saben que repetirán la experiencia al año siguiente. Su ritual de aniversario es la forma de honrar la memoria de la pequeña.

LOS RITUALES EN LA VIDA ORDINARIA

Un ritual es cualquier acción o conjunto de acciones de contenido simbólico que se ejecutan con un objetivo que suele tener cierta relación con lo social o lo espiritual. Según tal definición, nuestra vida cotidiana está repleta de rituales que marcan los diferentes momentos del día. Pequeñas guías que están incorporadas a la vida cotidiana que aportan seguridad porque adelantan lo que sucederá después. Por ejemplo, bendecir la mesa antes de comer, preparar té o café a media tarde, o el ratito de lectura antes de dormir avanzan que, a continuación, se ingerirán los alimentos, se iniciará una conversación familiar o se dará paso al sueño.

También hay rituales que nos ayudan a marcar transiciones en la vida y señalan un antes y un después en nuestra trayectoria vital. Se trata de aquellos rituales que, además, nos permiten canalizar expresiones o sentimientos profundos tanto si los hacemos en solitario como si los llevamos a cabo en comunidad. Entre ellos podríamos citar, por ejemplo, los bautizos, las bodas, los funerales, acudir al cementerio para llevar flores a los difuntos el Día de Todos los Santos, la comida de Navidad o la fiesta de Nochevieja.

A pesar de tal variedad, casi todos esos rituales tienen en común que acostumbran a señalar un cambio, un recuerdo o un encuentro. Aplicados al contexto de la muerte y el duelo, estas acciones simbólicas nos facilitan procesar la pérdida, honrar al fallecido y conectar con algo más grande que ellas mismas, ya sea una comunidad, una cultura, una tradición espiritual o su propia espiritualidad interna. Sintetizándolo mucho, creo que no nos equivocaríamos si afirmásemos que los rituales actúan como un puente que conecta lo tangible con lo intangible o lo cotidiano con lo trascendental.

LA IMPORTANCIA DE LOS RITUALES EN EL PROCESO DE MORIR Y EL DUELO

Todas las culturas, independientemente del momento histórico en el que se hayan desarrollado, han creado ceremonias para reconocer el fallecimiento de sus miembros. Responden sobre todo a la idea de recordar a la persona desaparecida, pero, si los analizamos dentro del propio contexto del duelo, los rituales pueden proporcionar una sensación de control y orden en medio de ese caos emocional que acompaña a la muerte. Todo esto se debe a que:

- Proporcionan sentido.
- Facilitan la expresión emocional.
- Crean un espacio sagrado.
- Fomentan la conexión.
- Ayudan al reconocimiento y la honra del fallecido.
- Aportan continuidad y esperanza.

Si comparamos nuestra vida con la de nuestros antepasados, comprobaremos que el mundo moderno ha desritualizado respecto a la muerte y al duelo. Años atrás, en los aniversarios del fallecimiento, se acostumbraba a realizar misas a las que acudía la mayoría de la familia, los amigos íntimos y, en ocasiones, hasta los vecinos. Actualmente, si ese tipo de ritos se llevan a cabo, apenas acude el consorte sobreviviente, lo que provoca que el acto resulte extremadamente íntimo y pierda ese carácter de apoyo emocional por parte del grupo social.

Tampoco se puede obviar que hay ciertos contextos en los que los usos o los prejuicios sociales dificultan la participación en tales rituales. Es el caso de los suicidios, del fallecimiento de enfermos de procesos estigmatizantes como el sida o de la muerte de personas que han protagonizado actos de violencia. Tampoco es poco frecuente que, en ocasiones, se excluya de esos ritos a amantes, exparejas o parejas del mismo sexo, a los que no se les permite formar parte del grupo oficial de los dolientes. Por último, también hay circunstancias en las que se suele prescindirse de los rituales, lo que provoca un duelo silencioso o invisible con todo el dolor que ello conlleva. Ejemplo de estos casos son las muertes perinatales o los abortos, independientemente de que sean naturales, voluntarios o terapéuticos, tanto por anomalías fetales como por riesgo materno. En esos supuestos, se combina la tristeza de la pérdida con el dolor de asumir una decisión difícil y la falta de un ritual social consensuado que dé apoyo en esas situaciones.

Cuando se celebran los rituales de duelo, estos actos presentan tres importantes dimensiones que satisfacen varias necesidades personales del doliente. Por ejemplo:

- Permiten repensar el papel que tenía el ausente en la vida del doliente.
- Marcan una transición a un nuevo estatus social, como, por ejemplo, de esposa a viuda o de hijo a huérfano.
- Facilitan asumir la nueva conexión con lo que se ha perdido. A lo largo de una vida compartida se han vivido experiencias y se han puesto en marcha empresas en común, sean las de tener descendencia, comprar una vivienda o montar un negocio. Todas ellas, tras la muerte, generarán una nueva realidad en la que el ausente ya no es una opción.

TIPOS DE RITUALES

Los rituales pueden variar mucho según las tradiciones culturales, religiosas o personales de los afectados por la pérdida del ser querido. A continuación, te presento algunas categorías, acompañadas de ejemplos específicos:

Rituales en el duelo

- **Elaboración de rituales de duelo comunitario:** organizar encuentros periódicos entre familiares o amigos para recordar al fallecido, compartir historias o realizar actividades en su honor, permite una continuidad de la memoria del ausente y ofrecen consuelo colectivo.
- **Ritual del aniversario:** actos tan sencillos como prender una vela, visitar un lugar que fuera especial para el fallecido o hacer algo en su nombre pueden provocar que cada aniversario de la muerte sea un momento de reflexión y de conmemoración de la persona que ya no está.
- **Rituales de transformación:** quemar una carta de despedida o iniciar un nuevo proyecto que conmemore la vida del ser querido puede resultar sanador para algunos dolientes.

Diseño de rituales

Si bien los rituales más extendidos suelen ser aquellos socialmente asentados, como, por ejemplo, el bautismo católico —en el que se presenta al recién nacido a su entorno social y en el que padres se comprometen a educarlo en unos valores cristianos— o una boda —en la que los contrayentes hacen público su compromiso de formar una familia, con todo lo que ello implica—, en realidad, este es un campo en el que las necesidades y particularidades de los protagonistas tienen mucho que decir. Incluso en esos rituales convencionales es posible introducir ligeras modificaciones, como elegir ciertas lecturas de libros sagrados, recitar textos adicionales escritos por los contrayentes o causahabientes, o innovar, como sucedió en una boda de moteros a la que asistí, a la que los novios llegaron en sendas Harley-Davidson.

Debido a su objetivo sanador, estos rituales pueden ser tan íntimos y especiales como desee la persona que los va a llevar a cabo. Por tanto, los aspectos emocionales o de singularidad primarán sobre cualquier convencionalismo. De este modo, cada persona o familia puede crear rituales únicos que se adapten a sus creencias, valores, aficiones y emociones. No es necesario seguir un patrón estricto; lo importante es que el ritual sea auténtico y significativo para quienes lo realizan.

Si lo deseas, te animo a que elabores tus propios rituales, empleando para ello tu creatividad, tu intuición y tus emociones. Así conseguirás dar forma a actos simbólicos que te conecten realmente con el proceso que quieres señalar, para lo cual solo debes tener en cuenta lo siguiente:

- **Intención.** Es importante tener claro el propósito del ritual que vas a diseñar. No es lo mismo canalizar los sentimientos provocados por una despedida temporal que los derivados de un fallecimiento o de una reconciliación.
- **Simbología.** Debes emplear símbolos que tengan un significado emocional o espiritual profundo para ti y para tu grupo.
- **Espacio sagrado.** Es necesario crear un ambiente que esté desvinculado de las obligaciones y rutinas del día a día, ya sea a través del contacto con la naturaleza, de objetos simbólicos o del uso de un espacio específico. De esta forma, el contexto y los elementos que utilizar aportarán solemnidad al acto.
- **Tiempo.** Los rituales pueden ser una práctica única o repetida en el tiempo. Algunos, como los de aniversario, pueden realizarse anualmente o en fechas significativas. Otros serán puntuales, como enterrar las cenizas en el jardín o esparcirlas en un bosque, y se agotarán en ese mismo acto.

Ejemplos de rituales

A continuación, me permito sugerirte un par de propuestas de rituales que espero que no solo te resulten útiles a ti, sino también a tus familiares:

Rituales simbólicos en casa. Te propongo crear en tu vivienda un espacio dedicado a la memoria de tu ser querido para, de esta forma, mantener viva su presencia. Para ello puedes colocar una foto, encender una vela y dedicar unos minutos cada día a recordar detalles de su vida o momentos compartidos. En esos casos, deja expresar tus emociones sin pudor. No hay nada de malo en que en esos momentos surjan sentimientos de amor, tristeza, nostalgia o injusticia. Es tu espacio para sentir en libertad y tienes todo el permiso del cielo y la tierra para hacerlo. De hecho, este espacio puede convertirse en un refugio emocional donde te sientas cerca de esa persona y al que acudas en momentos de especial vulnerabilidad, como le sucedía a Ana María, de cuarenta y cinco años, que perdió a su madre tras un penoso alzhéimer. Aunque su enfermedad le ocasionaba mucho trabajo, gracias al carácter afable de su madre, también le hacía mucha compañía, por lo que su pérdida le causó un gran vacío. Para conectar con su recuerdo, decidió crear un pequeño altar en casa. Colocó una foto de su madre, junto con algunas de sus pertenencias favoritas; cada noche, antes de irse a dormir, encendía una vela, rezaba el padrenuestro que su madre le enseñó de pequeña y le hablaba un poco, como solían hacer cuando ella vivía. Este sencillo ritual diario la ayudó a sentir la presencia de su madre no de una manera dolorosa, sino reconfortante, ofreciéndole un espacio para la emoción y el recuerdo en paz.

Ritual de despedida con familiares y amigos. Tal vez te apetezca organizar un ritual menos íntimo, en el que familiares y amigos se reúnan para compartir recuerdos y celebrar la vida del ser querido. Encender una vela o realizar un acto simbólico colectivo puede ser suficiente, pero también podríais generar entre todos un círculo de palabras en el que cada persona comparta un recuerdo significativo del fallecido. Incluso se puede organizar un ritual antes del fallecimiento que sirva de base para futuros actos de recuerdo, como sucedió con mi propio padre.

Cuando mi padre supo que su cáncer de pulmón no estaba respondiendo bien a la quimioterapia y que los médicos le daban una esperanza de vida aproximada de tres meses, me propuso que fuésemos en Semana Santa a Málaga, la ciudad en la que había nacido y en la que había vivido de joven. Allí, aprovechando que todavía se encontraba en un estado aceptable, organizaríamos una despedida de toda la familia. Siguiendo su deseo, celebramos una comida con mis primos, sus parejas e hijos en un restaurante; estuvo marcada por el silencio, la tristeza y la incredulidad. Hacia el final de la comida, de forma impulsiva, sin pensarlo siquiera, levanté mi copa y dije con voz emocionada: «Un brindis por mi padre». Todo el mundo se puso de pie levantando su vaso y yo lo abracé entre lágrimas. Enseguida vinieron todos los demás, con cierto desorden y mucha emoción a darle un abrazo al tío Pepe, como le llamaba la familia. Hubo muchas lágrimas, también las de mi padre, que resultaron profundamente sanadoras. Tres meses después, por San Juan, mi padre trascendió, dejándonos el recuerdo de aquel ritual de despedida familiar.

Ni que decir tiene que, coincidiendo con los aniversarios o con fechas señaladas, puedes organizar encuentros más elaborados que den lugar a un recuerdo perenne como plantar un árbol, colocar una placa, erigir una estela funeraria o cualquier otro gesto que represente la memoria del ausente y la continuidad de la vida de los que lo han sobrevivido, como sucedió con uno de mis pacientes, del tiempo en que era médico en una comarca agrícola. Se llamaba Miquel y sufría un cáncer que hacía que mis visitas a su domicilio fueran frecuentes. Por su carácter afable y sencillo, establecimos una gran conexión que dio lugar a un sincero afecto. En el salón de su casa destacaba una fotografía de un magnífico olivo que había plantado su padre cuando murió el suyo y que se había convertido en un orgullo para él. Cuando falleció, solía encontrarme con su hijo Daniel y recordábamos a su padre. Cierto día surgió en la conversación el olivo de su antepasado y le propuse hacer algo parecido. Al año de cumplirse la muerte de Miquel, Daniel organizó una comida familiar con sus hermanos y los mejores amigos de su padre. Durante el café, cada uno de los asistentes compartió una historia sobre Miquel. Al llegar el atardecer, plantaron entre todos un olivo en el jardín de la casa familiar. Este ritual no solo fue una forma de honrar su memoria, sino que constituyó un símbolo tangible del legado de Miquel: un árbol que crecería como recordatorio de su vida.

13
Vivir con propósito tras la pérdida

Solo haciendo lo que de verdad os importa,
podréis bendecir la vida cuando la muerte esté cerca.
E. Kübler-Ross

Después de la muerte de un ser querido, la vida continúa, pero no de la misma manera. La pérdida generará un dolor, incluso un vacío profundo en los sobrevivientes, que, sin minimizar su gravedad, puede ser aprovechado para que las personas reflexionen sobre su propia existencia y continuar adelante con un sentido vital renovado al que se pueden incorporar las enseñanzas y el amor de quienes ya no están físicamente entre nosotros. Las Experiencias Cercanas a la Muerte nos recuerdan que la muerte no es un final, sino una transición. No obstante, hasta que este momento llega, la calidad y el sentido de la experiencia vital no deben desatenderse.

REFLEXIONAR SOBRE EL PROPÓSITO Y EL SENTIDO DE LA VIDA TRAS LA MUERTE DE UN SER QUERIDO

Cuando perdemos a un ser querido, más allá de la ausencia que deja, debemos hacer frente a nuestra propia finitud. Una situación que, inevitablemente, nos lleva a cuestionar el sentido de la vida. En estos casos, afrontarlo desde la aceptación puede ser una experiencia transformadora en la que buscar un nuevo propósito vital suponga un bálsamo para sanar y un estímulo para avanzar.

La pérdida como catalizador de cambio

Después de la muerte de un ser querido, las preocupaciones diarias pierden peso y empiezan a considerarse en su justa medida. Aunque nadie discute que reflexionar sobre qué queremos hacer con el tiempo que nos queda es un proceso difícil, también es una tarea muy enriquecedora. Muchas de las personas que han experimentado una ECM tienen esa misma sensación de urgencia y cambio, a través de la cual intentan redescubrir lo que es verdaderamente esencial para ellos.

Encontrar un nuevo equilibrio

Aceptar la nueva realidad surgida tras la desaparición del ser querido no significa olvidarlo, sino todo lo contrario. Es necesario integrar su amor y sus recuerdos en esa nueva etapa de la vida para poder seguir adelante.

Si bien ese proceso lleva tiempo y requiere paciencia, poco a poco, el dolor irá dando paso a una sensación de paz y propósito renovado. Una vez más, las enseñanzas de las ECM pueden inspirar esa nueva visión de equilibrio basada en una conexión espiritual, en la cual el amor sigue presente de una manera trascendental.

CÓMO HONRAR EL LEGADO DEL FALLECIDO Y CONTINUAR CON UN SENTIDO RENOVADO

Cada persona deja un impacto único en la vida de quienes la rodean. Continuar ese legado no solo es una manera de mantener vivo su recuerdo, sino que puede ser una fuente de sanación y renovación que transforme el dolor de la pérdida en algo significativo.

Mantener vivo el legado emocional y espiritual

El legado no se mide únicamente en logros materiales o profesionales, sino en las lecciones de vida y los momentos compartidos con la persona ausente. Por tanto, mantener vivo su legado puede ser tan simple como recordar sus enseñanzas, sus valores o su manera de vivir. De esta forma, al honrar su memoria, también renovamos nuestro compromiso de vivir de acuerdo con esos valores. Uno de los aprendizajes de las ECM es que el amor y la conexión no desaparecen con la muerte física, por lo que tenerlo presente puede darnos fuerza para mantener vivo ese legado.

Crear un proyecto o acto conmemorativo

Otra forma de honrar el legado de un ser querido es crear algo tangible en su memoria. Por ejemplo, un proyecto o un acto conmemorativo. No me estoy refiriendo a empresas complejas o demasiado onerosas. No es necesario crear una fundación o erigir un monumento, sino realizar actos sencillos que tengan un significado emocional añadido. Acciones tan humildes, pero con tanta trascendencia simbólica, como plantar un árbol en su honor o que tengan efectos más tangibles, como, por ejemplo, contribuir con una suscripción a una causa benéfica que refleje los valores del fallecido. Lo importante es que este acto tenga un significado personal para ti y esté alineado con lo que la persona valoraba en vida.

Continuar con un sentido renovado

Una vez que el sufrimiento provocado por el duelo comienza a transformarse, puede surgir un renovado sentido de propósito. Este nuevo objetivo vital no tiene que reemplazar necesariamente a la vida de la que se disfrutaba antes de la pérdida, sino que la enriquece con una mayor profundidad. Las ECM suelen revelar una llamada a vivir de manera más consciente y plena, lo que puede alimentar este nuevo propósito. En todo caso, eso no quita que tú puedas elegir tu propio sentido renovado, bien como homenaje a tu ser querido, bien integrando sus enseñanzas en tu vida diaria.

VIVIR CON PROPÓSITO PARA HONRAR EL LEGADO

A lo largo de este capítulo hemos explorado de qué manera la pérdida de un ser querido nos invita a revaluar nuestras prioridades, a reflexionar sobre el legado que deja en nuestras vidas y a descubrir diferentes maneras de honrar su memoria a través de nuestras acciones diarias.

Como ya te expliqué con el ejemplo del tarro y la esfera, el dolor nunca desaparece del todo, pero tampoco podemos olvidar, aunque en determinados momentos nos resulte imposible imaginarlo, que ese dolor puede transformarse hasta recuperar el equilibrio perdido por la ausencia del ser querido. El equilibrio recobrado nos permitirá avanzar en la vida, conscientes de que el legado de amor, bondad y generosidad de aquellos que hemos perdido no solo continúa habitando en nosotros, sino que puede ser transmitido y compartido con otras personas que, como nosotros, pueden ver en ello una oportunidad para vivir el presente de manera más auténtica.

14
La eternidad del amor y la rueda de la vida

Soñé, a lo largo de mi vida, muchas cosas.
Ahora sé que solo salvaré mi existencia amando.
JOSÉ LUIS MARTÍN DESCALZO

En este libro, he partido de mi propia experiencia para extraer cuatro poderes que se corresponden con otros tantos momentos clave en todas las Experiencias Cercanas a la Muerte. Posteriormente, los hemos relacionado con herramientas prácticas para aplicarlas a tres situaciones vitales: enfrentarse a la propia muerte, acompañar hasta despedirnos y el duelo tras la pérdida así como las maneras de enfrentar estos desafíos con serenidad, amor y propósito.

Gracias a mi ECM, he podido comprobar que la vida no es un algo lineal que se inicia al nacer y acaba con la muerte. Más bien se trata de un fenómeno cíclico de la existencia, en el que la vida y la muerte no son conceptos opuestos, sino fases entrelazadas de un mismo proceso. Para que puedas entenderlo mejor, la vida y la muerte se parecen más a ese amanecer que sucede a la noche que a una mera separación de opuestos.

Esta idea, a la que hemos llamado *rueda de la vida*, está alineada con el pensamiento que afirma que la muerte no es un final absoluto, sino una parte esencial del flujo vital. Según esta teoría, todo ser vivo nace, crece y muere; una vez que esto sucede, su energía, su amor o su legado se perpetúan de alguna manera, bien a través de quienes siguen vivos, bien en una dimensión espiritual. En definitiva, la relación entre la vida y la muerte es la de un ciclo en el que podemos vivir con propósito, conscientes de que cada final es también un nuevo comienzo. Lo de menos es que ese nuevo comienzo sea en la memoria de nuestros seres queridos o en una dimensión que trasciende lo físico, cosa que nos conecta con esa unidad y ese todo del que hemos hablado anteriormente.

Las Experiencias Cercanas a la Muerte nos ofrecen valiosas lecciones sobre la vida. Unas enseñanzas que transforman radicalmente la perspectiva de quienes las hemos experimentado. A continuación, te detallo algunas de las más frecuentes e importantes:

- El valor del presente.
- Eliminación del miedo a la muerte.
- El amor incondicional como motor de la vida.
- El amor es eterno y nos trasciende.
- La interconexión de todos los seres.
- Vivir con propósito.
- El perdón y la paz interior.
- La espiritualidad como guía.
- Responsabilidad de nuestras acciones.
- La muerte como transición, no como final.

La rueda de la vida nos recuerda que, lejos de ser una ruptura, la muerte es un interludio hacia la eternidad del amor, que es lo que realmente trasciende el tiempo, porque, aunque nuestros cuerpos desaparezcan, el amor que damos a los demás y el efecto que provoca en la vida de los otros permanece.

Por todo ello, mi deseo es que, al finalizar la lectura de estas páginas, sientas una mayor conexión con la vida, con tus seres queridos y con el profundo amor que nos une a todos y que jamás desaparecerá, del mismo modo que no ha extinguido el que dejaron en nosotros aquellos que nos precedieron.

15
Una gota en el océano

> Una vida que no se vive como uno hubiese querido
> es un don desperdiciado.
> ALBERT CAMUS

A lo largo de la historia, el contacto con la realidad superior se ha revelado tan poderoso que ha transformado la vida de millones de personas, las cuales han accedido a ese estadio situado más arriba a través de dos vías principales: la meditación contemplativa que culmina en la experiencia mística y la bondad amorosa de la entrega al servicio de los demás. Sin embargo, existe una tercera vía, menos conocida por ser menos frecuente: la Experiencia Cercana a la Muerte.

Hay momentos decisivos en la vida en los que todo puede cambiar en un solo instante. En mi caso fue a consecuencia de una parada cardiaca que no duró más de un minuto, como averigüé posteriormente. Como médico, sé que, transcurrido ese tiempo sin recibir reanimación cardiopulmonar, el corazón no es capaz de volver a ponerse en marcha por sí mismo y, en consecuencia, se desencadena la catástrofe del daño neurológico irreversible.

Cuando reflexiono sobre mi ECM, me conmueve pensar que, fisiológicamente, mi vida dependió de un pequeño impulso eléctrico que volvió a hacer funcionar el corazón dentro de ese plazo. Y, en ese sentido, me surge la gran pregunta: «¿Para qué he vuelto?». Mi respuesta, tras un duro peregrinar interior, es: para ayudar desde el amor.

Desconozco por qué me eligió la ECM y me permitió volver a la vida material. Lo único que sé es que, desde que regresé de mi ECM, sigo compartiendo las mismas incertidumbres de los seres humanos, pero atesoro una única certeza que permanece en mí: la conciencia pervive más allá de la muerte física y lo que allí nos espera es maravilloso.

Como ya he relatado a lo largo de este libro, al estudiar el fenómeno de las ECM constaté que la transformación vital en aquellos que las han experimentado era una constante en este tipo de fenómenos, y que suele responder al siguiente esquema:

a) Hay cuatro momentos esenciales en las ECM capaces de generar grandes cambios entre aquellos que las hemos experimentado. Son los que denomino los cuatro poderes:
   1. El **poder de la conexión**, relacionado con la experiencia de unidad y la contemplación mística.
   2. El **poder de la comunicación**, relacionado con el reencuentro con seres amados, la comunicación, el amor y la gratitud.
   3. El **poder de la revisión**, relacionado con el examen completo de la vida, la reflexión sobre el pasado, su impacto en las personas que nos rodean, el perdón a los demás y la autocompasión con nuestros propios errores.
   4. El **poder del propósito**, relacionado con el sentido de la vida, con los valores, con la voluntad de reparar y con el compromiso de desarrollar, a partir de entonces, una vida alineada con ellos.

b) A lo largo de nuestra existencia, nos encontraremos en otras tantas situaciones vitales:
   1. **Asumir nuestra mortalidad.** El silencio relativo a la muerte que impera en nuestra sociedad dificulta reflexionar a fondo y de forma preventiva sobre un acontecimiento ante el que nos veremos en un momento u otro de nuestra vida. De hecho, lo normal es que lo vivamos no solo como protagonista, sino como supervivientes de un ser querido fallecido o como acompañantes de una persona que va a morir.
   2. **El acompañamiento.** En algún momento de nuestra existencia, un miembro de nuestro círculo cercano requerirá

de nuestra ayuda y acompañamiento debido a un proceso de duelo o de enfermedad.
3. **La enfermedad.** La enfermedad o el deterioro físico provocado por la vejez nos convertirá en personas dependientes y vulnerables, y, en un momento dado, nuestra continuidad vital se verá amenazada irreversiblemente.
4. **El duelo.** La pérdida material de seres queridos provocará un sufrimiento que, si bien es natural y comprensible, puede integrarse como elemento de crecimiento o complicarse con su cronificación.

c) Para sanar esas cuatro situaciones y minimizar el sufrimiento, contamos con siete herramientas relacionadas con los cuatro poderes antes referidos.
- Herramientas relacionadas con la conexión a la unidad:
  1. Técnicas de relajación.
  2. Meditación.
  3. Expresión artística. Arteterapia.
- Herramientas relacionadas con el amor y la comunicación:
  4. Escucha activa.
  5. Rituales.
- Herramienta relacionada con la revisión y el perdón:
  6. La reflexión y su materialización en la escritura.
- Herramienta relacionada con el propósito:
  7. Clarificación de valores y compromiso con la acción coherente con ellos.

Partiendo de esta clasificación, he desarrollado una serie de actividades de autoayuda pensadas para que se realicen según el momento vital, las necesidades y las particularidades de cada persona. Constituyen la parte práctica de esta obra y puedes encontrarlas en los apéndices del libro.

Ahora que llego al final de este texto, aún más tengo presente la razón que me llevó a emprender su escritura, que no es otra que la de ayudar a las personas. Tanto en mi experiencia profesional como médico como a lo largo de mi trayectoria vital, he sido testigo de mucho sufrimiento y sé que todo esfuerzo por aliviarlo es útil.

Cuando pienso en todo esto, se me viene a la memoria la historia de aquel hombre de aspecto sencillo y humilde que apareció un día en el Hogar de Misioneras de la Caridad de Calcuta en el que trabajaba y vivía la madre Teresa. Sin disimular su vergüenza, le dijo a la madre que, aunque se había esforzado en conseguir donaciones para el hogar, tan solo había reunido una modesta cantidad. «A veces sentimos que lo que hacemos es tan solo una gota en el mar, pero el mar se sentiría incompleto si le faltase esa gota», le respondió la monja para animarlo. A lo largo del tiempo transcurrido desde mi ECM, he podido constatar que mi testimonio aporta consuelo en aquellos que han perdido a personas amadas y esperanza a aquellos que están viviendo sus últimos días. Como en la anécdota de la madre Teresa, es solo una gota, pero es la mía.

ANEXOS

Repertorio de prácticas

LA PRÁCTICA DE LOS CUATRO PODERES

Para facilitar la puesta en práctica de los cuatro poderes mediante alguna de sus siete herramientas, proponemos una serie de actividades que permitirán que las consolides en tu día a día, según tus necesidades y el momento vital en el que te encuentres.

Las prácticas que denomino *universales* son útiles para todos los lectores, incluso para aquellos que no sufren ninguna situación concreta que precise ayuda, ya que se trata de herramientas de bienestar y autoconocimiento.

El resto de los ejercicios, aunque estén señalados para una determinada condición —el acompañamiento, la enfermedad o el duelo—, también pueden emplearse en los demás contextos con pequeñas modificaciones. Incluso el lector general puede encontrarlas interesantes, adaptándolas en ciertas ocasiones a su situación personal. Por ejemplo, separaciones afectivas, conflictos familiares, problemas laborales, cambios de estatus social o dificultades económicas.

En cada propuesta se indica el poder, la herramienta y el contexto en el que es aconsejable emplearla. En ocasiones, concurren más de un poder, y se indica el principal para que sirva de guía. Si bien son actividades individuales, con las modificaciones correspondientes, también pueden adaptarse para desarrollarlas en grupo.

A) PRÁCTICAS UNIVERSALES

1. RESPIRACIÓN 4-7-8

Poder: conexión.
Herramienta: respiración/relajación.
Contexto: situaciones de estrés.

Esta sencilla práctica está pensada para calmar rápidamente la ansiedad e inducir el sueño en las situaciones de insomnio. Puede practicarse en cualquier momento, suele ser bastante eficaz, pero no es la única que existe. En internet podrás encontrar otras, por lo que te invito a que busques la que sea más efectiva para ti.

Material necesario: se puede desarrollar en cualquier momento o situación, siempre que el entorno sea tranquilo y tengas cierta seguridad física y psicológica.

Instrucciones:

1. Inhala profundamente por la nariz contando mentalmente hasta cuatro.
2. Mantén la respiración durante siete segundos.
3. Exhala suavemente por la boca durante ocho segundos hasta vaciar del todo los pulmones.
4. Repite este ciclo las veces que necesites, notando cómo el ritmo de tu respiración se ralentiza y tu cuerpo se relaja.

2. ATENCIÓN PLENA DE INICIO (PRÁCTICA FORMAL)

Poder: conexión.
Herramienta: meditación de atención plena.
Contexto: cualquiera.

La atención plena es una técnica de meditación que consiste en focalizar la atención en el momento presente sin juzgar, opinar, ni querer cambiar lo que acontece. Aunque durante la práctica puedan surgir todo tipo de pensamientos, los dejaremos pasar sin enredarnos en ellos y volveremos a centrarnos en el presente. Es una práctica sencilla que se puede realizar en cualquier situación y cuyo objetivo es entrenar la serenidad y la exploración interior.

Material necesario: se realiza en posición sentada o tumbada en un entorno tranquilo, cómodo y preferiblemente en silencio.

Instrucciones:

1. Cierra los ojos. Centra tu atención en tu respiración y observa cómo el aire entra y sale de tu cuerpo.
2. Cuando surjan pensamientos, simplemente, obsérvalos. No luches contra ellos ni pretendas continuarlos. Limítate a regresar suavemente y de forma amable tu atención a la respiración, a cada inhalación y exhalación.
3. Continúa esta práctica durante unos 5-10 minutos al principio, y luego amplía el tiempo, a medida que te vayas encontrando más cómodo.

3. ATENCIÓN PLENA EN ACTIVIDADES COTIDIANAS (PRÁCTICA INFORMAL)

Poder: conexión.

Herramienta: meditación de atención plena.

Contexto: cualquiera.

Se trata de una actividad recomendable para cualquier persona, independientemente de la situación emocional en la que se encuentre y complementa a la atención plena de inicio.

Material necesario: no precisa.

Instrucciones: se puede realizar mientras se llevan a cabo las actividades cotidianas, como caminar, ducharse, fregar los platos o comer. Solo tienes que prestar atención a las sensaciones físicas, los sonidos y los olores de tu entorno, sin distraerte con otros pensamientos. Si estos aparecen, déjalos pasar como una nube en el cielo, sin analizarlos ni emitir juicios. Aunque no es una actividad compleja, te aconsejo que comiences dedicándole tres o cinco minutos para, poco a poco, ir aumentando el tiempo de los ejercicios.

4. MEDITACIÓN DE LOS TRES MOMENTOS

Poder: conexión.

Herramienta: meditación.

Contexto: cualquiera.

Es una práctica que puede ser empleada en cualquier situación y cuyo objetivo consiste en conectar con el presente. Consta de tres tiempos o momentos que, de manera sucesiva, nos permiten centrar y expandir nuestra conciencia.

Debido a su brevedad, resulta muy útil para controlar situaciones de estrés. De hecho, es recomendable que uses esta meditación antes de realizar alguno de los ejercicios reflexivos propuestos en este libro, con el objetivo de calmar la mente y predisponerla a la experiencia.

Material y condiciones: un entorno tranquilo, en cualquier postura cómoda, incluso de pie.

Instrucciones:

1. Respira profundamente, cierra los ojos y pregúntate: «¿Cómo me siento en este momento?». Observa tu reacción corporal, tus emociones y lo que pasa por tu mente, pero como un mero observador, sin intención de cambiarlo.
2. Focaliza tu atención en tu respiración. Comprueba cómo el aire entra y sale de forma natural, sin esfuerzo. Si aparece un pensamiento, déjalo pasar.
3. A continuación, amplía tu conciencia a todo el cuerpo. Nota cómo, con cada respiración, tus músculos se van distendiendo. Poco a poco, expande tu atención a tu entorno y cualquier sensación que surja de él como sonidos, temperatura y los puntos de contacto del cuerpo con la silla o el suelo.
4. Para terminar, realiza una respiración profunda y, al exhalar, abre los ojos.

5. CLARIFICANDO TUS VALORES Y DEFINIENDO LAS TRES ACCIONES VALIOSAS

Poder: propósito.

Herramienta: escritura reflexiva.

Contexto: cualquiera.

Este ejercicio ayuda a que te centres en lo que realmente importa en ese preciso momento de tu existencia, independientemente de tu situación vital. Clarificar tus valores te permitirá tomar decisiones alineadas con lo que verdaderamente te importa, dándole sentido a cada acción. Este ejercicio tiene una segunda parte que debe realizarse en un momento posterior y que resulta útil para concretar la acción en el día a día.

Material necesario: cuaderno y bolígrafo. Ambiente tranquilo y, si lo deseas, música agradable.

Instrucciones: en su primera parte, siéntate en un lugar tranquilo y cierra los ojos. Respira profundamente un par de veces y, al exhalar, deja ir cualquier tensión o preocupación. Si te resulta más sencillo, en esta primera fase también puedes hacer unas respiraciones 4-7-8.

1. Reflexiona sobre lo siguiente: «Si supiera que me queda poco tiempo, ¿qué sería lo más importante para mí en este momento?».
   - ¿Quiénes son las personas que más valoro?
   - ¿Qué actividades o momentos me llenan de alegría o paz?
   - ¿Cómo me gustaría que las personas me recordaran?
2. Déjate llevar y elabora una lista de los valores que surgen en tu mente.

3. Una vez que tengas tu lista de valores, selecciona los tres más importantes para ti en ese momento. Estos serán tus valores guía desde ese momento y hasta tu próxima revisión. Puedes ir revaluando periódicamente tu lista de valores y decidir si respetas o modificas alguno de tus tres valores prioritarios.

Para llevar a cabo la segunda parte del ejercicio, bien a continuación, bien en una sesión posterior, retoma esos tres valores principales obtenidos en la primera parte y haz lo siguiente para concretar más tu acción en el día a día:

- Para cada uno de los tres valores, piensa una acción diaria concreta, asumible y verificable que puedas realizar a partir de entonces. Las llamaremos *acciones valiosas.*
- Comprométete a realizar al menos una de estas tres acciones valiosas cada día. Lo denominaremos *mi compromiso de hoy* y no importará tanto la relevancia de la acción como el proceso de compromiso con ella y las pequeñas acciones destinadas a su consecución. Por ejemplo, «hacerme la cama al levantarme», «ordenar mi escritorio antes de ir a dormir» o «leer un cuento a mi niño» son avances más que suficientes, a pesar de su simplicidad. Lo importante es que estén alineados con lo que más valoras en este momento y que te comprometas a llevarlos a cabo en el futuro.

Ten a la vista los valores prioritarios y tu acción valiosa del día y revisa periódicamente si siguen siendo los mismos o debes realizar algún cambio en alguno de ellos.

6. ARTETERAPIA PARA LA EXPRESIÓN EMOCIONAL.

Poder: conexión.

Herramienta: creatividad.

Contexto: cualquiera, aunque especialmente útil en el duelo.

El arte es un canal natural de expresión emocional y de comunicación con la totalidad. Desde las cuevas paleolíticas a nuestros días, la expresión artística es una forma no verbal de expresión emocional.

Material necesario: dependerá de la forma de expresión elegida (pintura, cerámica, tapices, arreglo floral, baile...).

Instrucciones: dedica un tiempo a crear algo que simbolice tu estado emocional interior. Lo importante no es el resultado, sino el proceso de expresión y la liberación que aporta. Por tanto, deja fluir tu intuición, tu talento y que sea tu obra la que te cuente cosas sobre ti. Las posibilidades son infinitas e incluso se pueden realizar en grupo, lo que les añade un plus de interacción social. De hecho, las creaciones artísticas en familia pueden ser un ritual de memoria o de transición.

He puesto cuatro ejercicios adicionales específicos al final del capítulo 9 a los que puedes dirigirte.

7. HABLAR DE LA MUERTE PARA VIVIR MEJOR

Poder: comunicación y amor.

Herramienta: comunicación empática.

Contexto: en cualquier estado.

Hablar de la muerte con naturalidad ayuda a amar la vida. Por eso, este ejercicio consiste en hablar sobre la muerte expresando las emociones personales y escuchando de forma activa las del otro.

Material necesario: ambiente tranquilo y un momento propicio para esta conversación.

Instrucciones: invita a una persona cercana a tener una conversación profunda sobre la muerte y su actitud ante ella. Es una comunicación bidireccional, en la que se escucha sin juzgar y se habla con empatía, compartiendo miedos y preocupaciones. El simple hecho de verbalizar el miedo en un espacio seguro puede reducir la ansiedad de ambos.

Después de la conversación, si lo deseas, escribe en un cuaderno cómo te has sentido y qué te ha aportado esa charla. También puede convertirse en una actividad grupal, teniendo especial cuidado de no juzgar ni aconsejar a los demás participantes.

B) PRÁCTICAS PARA ACOMPAÑANTES Y CUIDADORES

8. RESPIROS EMOCIONALES MIENTRAS CUIDO

Poder: conexión.
Herramienta: atención plena y autocompasión.
Contexto: acompañamiento.

Acompañar a alguien en su proceso de morir o a lo largo de un duelo intenso es un acto de profundo amor, lo que no quita que pueda ser también agotador. Para aliviarlo, aconsejo que, a lo largo de los días de cuidados, te tomes varios «respiros emocionales» con esta sencilla práctica, porque autocuidarse no es un acto de egoísmo, sino de amor, hacia ti y hacia los demás. Necesitas estar bien tú para poder cuidar a otros.

Material necesario: momento tranquilo.

Instrucciones:

1. Tómate algunos momentos para ti, aunque sean breves, para reconectar con tus emociones.
2. Haz unas respiraciones tranquilizadoras si lo necesitas.
3. Repite una frase de autocompasión, como: «Es difícil lo que estoy viviendo, pero estoy aquí, y lo estoy haciendo lo mejor que puedo. Merezco cuidarme para cuidar mejor».
4. Visualízate cuidando de forma serena y en paz interior. Dedícale el tiempo que necesites a este pensamiento.
5. En lo posible, cuida tu alimentación, tu actividad física y tu descanso. Pide ayuda si la necesitas y muéstrate asertivo o asertiva con tus necesidades si te encuentras en entornos en los que no son tenidas en cuenta adecuadamente. Date permiso para descansar cuando lo necesites, sin sentir culpa.
6. Retén o redacta la frase de la meditación, escríbela en una nota y ponla en un lugar visible para ti. Por ejemplo, el espejo del baño, la puerta de la nevera, o la cartera. Úsala cuando te sientas desbordado/a o inclúyela en tu meditación diaria.

9. ESCUCHAR MÁS ALLÁ DE LAS PALABRAS

Poder: comunicación y amor.
Herramienta: escucha activa.
Contexto: acompañamiento.

En muchas ocasiones, las emociones más profundas no se expresan con palabras, sino a través de detalles como el tono de voz o los gestos. Este ejercicio está pensado para desarrollar la habilidad de escuchar aquello que no se dice y percibir lo que la otra persona está sintiendo, incluso si no lo expresa verbalmente.

Instrucciones:

1. Mientras escuchas hablar a alguien, presta atención a sus palabras, a su tono de voz, a su ritmo al hablar y a su lenguaje corporal.
2. Analiza si existe algún desajuste entre lo que dice con la voz y lo que expresa con su cuerpo. Por ejemplo, ¿parece calmado, pero su voz está temblorosa? ¿Dice que está bien, pero sus manos están tensas?
3. Expresa lo que has notado con empatía, diciendo algo como: «Siento que dices que estás bien, pero parece que hay algo más que te preocupa. ¿Te gustaría hablar de ello?».
4. No olvides que el silencio es clave para que el otro pueda expresarse y procurar estar con atención plena durante la comunicación.

C) PRÁCTICAS PARA PERSONAS CON SALUD VULNERABLE

10. MI DIARIO DE LEGADO

Poder: revisión.
Herramienta: escritura.
Contexto: enfermedad.

El objetivo de esta práctica es escribir un diario con las vivencias y reflexiones que surgen en el día a día destinado a que nuestros seres queridos lo lean cuando ya no estemos y proporcionarles consuelo en el inevitable momento del duelo.

Material necesario: un cuaderno u hojas sueltas. Si optas por esta segunda opción, no olvides buscar un sobre o carpeta en la que se puedan guardar esas hojas. También necesitarás un bolígrafo, y tal vez te resulte útil desarrollar la actividad en un lugar cómodo, tranquilo y con música agradable.

Instrucciones: escribe aquellas reflexiones y recuerdos que quieras compartir y legar a tus seres queridos cuando faltes.

11. MI TESTAMENTO ESPIRITUAL

Poder: revisión.
Herramienta: escritura.
Contexto: enfermedad.

Se trata de una práctica destinada a compartir con tus seres queridos reflexiones y enseñanzas que quieras transmitirles. Es importante que emplees siempre un lenguaje positivo, sincero y conciliador, porque no debes olvidar que aquellos que te aman lo leerán cuando ya no estés.

Material necesario: cuaderno, hojas sueltas que deberás introducir en un sobre, un bolígrafo, ambiente acogedor y, si lo deseas, música tranquila.

Instrucciones: responde a estas u otras preguntas que se te ocurran para que sus respuestas sean tu legado a los que quieres cuando ya no estés.

- ¿Qué es lo más importante de la vida para ti?
- ¿Qué acciones has emprendido en tu vida en coherencia o no con tus valores?
- ¿Qué lecciones o valores te gustaría que las personas recordasen de ti?
- ¿Cómo te gustaría ser recordado?
- Si pudieras dejar un mensaje a las personas a las que amas, ¿cuál sería?
- ¿Cómo desearías que fuese la vida de los que se quedan cuando tú ya no estés?

D) PRÁCTICAS PARA PERSONAS EN PROCESO DE DUELO

12. ACEPTANDO LA PÉRDIDA

Poder: conexión.
Herramienta: meditación.
Contexto: duelo.

El primer paso del duelo y el más comprometido emocionalmente es aceptar la pérdida. Por este motivo, el propósito de esta práctica es ayudar a aceptar emocional y mentalmente que el ser querido ya no estará nunca más físicamente a nuestro lado, al tiempo que refuerza el vínculo simbólico con el ausente. Facilita la expresión de emociones difíciles de una forma autocompasiva.

Material necesario: comodidad física en un ambiente tranquilo y sin distracciones externas. Un lugar sagrado o con un significado especial que favorezca la comunicación y en el que haya, por ejemplo, fotos y pertenencias del ausente o música suave de meditación. Guion de las principales etapas y afirmaciones de esta meditación. Se aconseja tener un cojín o manta doblada en el regazo.

Instrucciones:

1. Partiendo de una posición sentada o acostada, cierra los ojos y realiza unas respiraciones tranquilizadoras, como, por ejemplo, la respiración 4-7-8.
2. Repite mentalmente «Estoy aquí, estoy seguro/a» hasta sentirlo como una certeza interior.
3. Imagina a tu ser querido fallecido. Visualízalo en un momento feliz, con una expresión amable y sonriente. Podéis situaros en un entorno conocido o en un espacio neutro. Cuanto más detalle, más conexión se consigue con la experiencia.
4. Agradece su presencia en tu vida y permite que, de forma natural, surja la consciencia de su ausencia física sin resistirte a ella. Cuando estés preparado/a di mentalmente: «Acepto que ya no estás físicamente conmigo, pero sigo conectado/a contigo de manera profunda y amorosa».
5. Permite que fluya libremente cualquier emoción, ya sea tristeza, gratitud, amor o enojo. Observa las emociones que vayan surgiendo sin juzgarlas, simplemente sintiéndolas. Si experimentas el deseo de abrazarlo/a, toma el cojín entre tus brazos y expresa tu emotividad. Si deseas

decirle algo desde tu mente o de tus labios, hazlo con naturalidad. Si lo que te aparece te abruma, dite mentalmente: «Es normal sentir esto, forma parte de mi proceso de sanación».

6. Céntrate en tu corazón. Imagina que lo llena una luz cálida que simboliza el amor y la conexión entre tú y él o ella. Visualiza cómo esta luz se expande con cada respiración, llenando todo tu cuerpo, convirtiéndose en una capa protectora y luminosa que te hace sentir en un lugar de paz y aceptación. Repite en silencio: «Te honro, te recuerdo, y acepto que formas parte de mi historia, aunque no estés físicamente aquí», o una frase similar. Quédate todo el tiempo que necesites disfrutando de esa conexión emocional.
7. Poco a poco, cuando lo consideres oportuno, vuelve tu atención de nuevo a tu respiración. Siente cómo tu cuerpo se encuentra más tranquilo y sosegado.

13. LA CAJA DE LOS RECUERDOS

Poder: comunicación y amor.
Herramienta: ritual.
Contexto: duelo.

Este ejercicio es un ritual que ayuda a reconocer la pérdida, al tiempo que preserva de forma tangible la conexión emocional con el ausente. Se puede hacer en soledad o en un ambiente íntimo con otros dolientes, lo que facilitará un espacio de recuerdo.

Material: una cajita en la que tengamos objetos como fotografías, efectos personales, notas autógrafas o frasco de colonia del ausente.

Instrucciones:

1. Coloca la caja frente a ti y ve extrayendo objetos, explorándolos con todos tus sentidos al tiempo que te dices algo así como «Acepto que este recuerdo forma parte de mi historia contigo, aunque ya no estés físicamente a mi lado».
2. Al finalizar, reintroduce los objetos en la caja y guárdala en su lugar sagrado o especial.

14. EL REFLEJO DEL AMOR COMPARTIDO

Poder: comunicación y amor.
Herramienta: escritura.
Contexto: duelo.

Se trata de una práctica útil durante el duelo cuyo objetivo es trabajar las emociones y el dolor de la pérdida. Facilita la reflexión sobre los valores, enseñanzas y momentos significativos vividos con el ausente. Se puede repetir en el tiempo, ya que, durante el proceso de duelo, se va resignificando la relación con el ser querido que ya no está y su impacto actual en nosotros.

Material: una fotografía del ausente, una fotografía tuya actual o un espejo, un cuaderno de duelo y un bolígrafo. El entorno debe ser cómodo tanto en el aspecto físico como emocional, y puede embellecerse con elementos como una vela, una barrita de incienso y música de meditación.

Instrucciones:

1. Coloca la fotografía de la persona ausente ante ti. Pon también la tuya o el espejo, de manera que puedas visualizar ambas imágenes cómodamente.

2. Haz unas respiraciones profundas para relajarte y centrarte en el momento.
3. Escribe en tu cuaderno el siguiente enunciado o uno similar: «Hoy voy a explorar lo que esta relación significó para mí, las enseñanzas que me dejó y cómo puedo integrarlas en mi vida».
4. Como punto de partida completa las frases:
5. «Contigo compartí...» (enumera aquellas cosas que apreciabais juntos y que eran importantes para ambos, como la familia, la amistad, la generosidad, etc.).
6. «De ti aprendí que...» (detalla aquellos aspectos de tu vida que cambiaron o se enriquecieron gracias a la persona ausente).
7. «De nuestra relación, lo que quiero conservar es...» (señala los valores y las enseñanzas que la relación te aportó y que te enriquecieron en tu día a día).
8. Lee en voz alta tus respuestas como si las comunicaras a tu ser querido. Finaliza el ejercicio escribiendo una frase de cierre que simbolice la continuidad del vínculo y tu decisión de integrar su legado. Por ejemplo: «Gracias por todo lo que compartimos. Llevaré contigo estos valores y enseñanzas y los aplicaré en mi vida como una forma de mantener viva nuestra conexión».

15. MI DIARIO DEL DUELO

Poder: revisión.
Herramienta: escritura.
Contexto: duelo.

A través de la escritura diaria, podemos expresar nuestras emociones, registrar pensamientos y reflexionar sobre nuestra evolución emocional a lo largo del tiempo. Este acto de

escribir no solo ayuda a organizar el caos interno, sino que también ofrece una forma de documentar el progreso personal en la integración del duelo. Este diario de duelo lo realizaremos en un cuaderno al que le podemos dar el nombre que deseemos, bien el que aparece en el encabezado de la práctica u otro más poético.
Este proceso de autoconocimiento refleja la llamada a la reflexión profunda que surge en muchas ECM, donde la revisión de la vida cuando se regresa nos invita a integrar de otra forma lo que vivimos.

Material necesario: cuaderno, bolígrafo y ambiente tranquilo.

Instrucciones: dedica cada día 10-15 minutos a escribir sobre cómo te sientes en relación con la pérdida de esa persona querida. Asígnate un momento preciso de la jornada, el que prefieras, y proponte escribir aunque solo sean tres líneas. No te preocupes por la estructura ni la corrección; simplemente, permite que los pensamientos surjan de una forma libre. Dibuja, pon emoticonos o colores, si quieres. Deja que fluya la creatividad. Con el tiempo, podrás observar patrones, momentos de sanación y de qué manera tu perspectiva sobre el duelo ha ido evolucionando casi sin ser consciente de ello.

Una variante de esta práctica sería «Cartas a mi amor», en la que, de forma epistolar y como si estuvieses en un lugar lejano, le hablas a la persona ausente acerca de emociones, sentimientos, hechos cotidianos, inquietudes, agradecimientos, lamentos o cualquier otro pensamiento que surja en tu mente.

16. ÁLBUM DEL VÍNCULO ETERNO

Poder: amor y revisión.
Herramienta: ritual, escritura, creatividad.
Contexto: duelo.

Esta práctica está destinada a ayudar al grupo o a la persona en duelo a explorar la conexión emocional con el ser querido que falleció. Para ello se propone la creación de un álbum que combine recuerdos y el impacto que su influencia ha significado en tu vida actual. Cuando el ejercicio se hace en familia, tiene además el efecto de honrar la memoria y favorecer la comunicación emocional.

Material necesario: un cuaderno o álbum, fotografías, imágenes o dibujos relacionados con el ser querido, pegamento, tijeras, lápices de colores y rotuladores. Objetos pequeños o simbólicos que puedan integrarse en el cuaderno como recortes de cartas, flores prensadas, etc.

Instrucciones: previamente, han de recopilarse los elementos susceptibles de ser incluidos en el álbum, como fotos familiares, dibujos, cartas, escritos o cualquier elemento que evoque momentos clave del ser querido. A continuación, el álbum se divide en tres apartados:

- *Los momentos compartidos contigo*: es una mirada al pasado en la que se incluyen elementos que representan recuerdos felices, logros o experiencias importantes compartidas con el ser querido. También puedes añadir escritos o notas adhesivas al lado de las imágenes u objetos con frases como: «Este día aprendí...», «Aquí entendí cuánto significabas para mí».

- *La añoranza de perderte*: supone mirar a la persona que ya no está desde el presente, por lo que se invita a incluir aquellas notas sobre las cosas que más extrañas de ella y que más te ha costado aceptar desde que ya no está contigo.
- *Tu legado en mi vida*: incluye fotos, dibujos o palabras que representen cómo estás integrando el legado del ser querido en tu vida actual y que apuntan a cómo será tu futuro sin esa persona.

Para finalizar el álbum, puedes incluir una frase que conecte con el sentimiento que te inspira la persona que se fue. Por ejemplo: «Mi conexión contigo y nuestro recuerdo compartido no desaparecerá nunca. Agradezco inmensamente todo lo que compartimos y me enseñaste. A partir de aquí, una vida continúa con tu ausencia física y tu recuerdo en mi corazón».

Glosario de términos

A lo largo del libro he empleado algunos términos que pueden generar confusión al admitir múltiples significados. A continuación, explicaré el sentido con el que yo los he empleado en este texto.

Conciencia: Es un concepto complejo según se aborde desde la filosofía, la psicología o la religión, entre otros. En este texto lo empleo con un sentido similar a alma, es decir, como sustancia espiritual e inmortal de los seres humanos. Durante las ECM es el instrumento que permite experimentar y recordar lo que ocurre durante ella, a pesar de no tener un soporte biológico que la sostenga. En mi caso lo empleo con el mismo significado que «conciencia no local» de otros autores. Ejemplo: «La conciencia persiste más allá de la muerte». Cuando se habla de *conciencia local* se refiere a la ligada a la actividad cerebral y sería lo que habitualmente llamamos *mente*. Ejemplo: «Realizo un cálculo mental con mi conciencia local».

Consciencia: Es también un concepto complejo y con frecuencia usado indistintamente igual que conciencia. En este texto lo empleo como la capacidad de darse cuenta de uno mismo tanto de las sensaciones como de las emociones y los pensamientos. Ejemplo de uso: «Recuperé la consciencia unos minutos después de la caída».

Ego o yo ilusorio: En el lenguaje coloquial se usa para designar la arrogancia, altanería y soberbia. Ejemplo: «Tiene un ego muy crecido». En este libro lo empleo para referirme a la parte de nuestra mente que construye nuestra identidad personal basada en roles, logros y posesiones, generando separación de los demás y apego a lo que se tiene y desea. Se manifiesta en la constante comparación con los demás, la insatisfacción con el pasado y la incertidumbre con el futuro. Ejemplo: «Al identificarnos con nuestro ego nos hacemos infelices».

Experiencia Cercana a la Muerte (o sus siglas, ECM): Son vivencias subjetivas, percibidas habitualmente como extraordinarias, trascendentes y transformadoras que en general se producen en personas que se han encontrado al borde de la muerte de situaciones clínicas como politraumatizados, shock o paro cardiaco de las que en muchas ocasiones han precisado maniobras de reanimación con posterior recuperación de la consciencia. Hay fenómenos con similitudes, pero sin riesgo vital, como pueden ser profundas crisis emocionales, estados meditativos, empleo de sustancias enteógenas o experiencias místicas, que, aunque son estados alterados de conciencia, no considero incluidas en esta denominación.

Fenómenos paranormales: Son eventos y experiencias que no tienen una explicación satisfactoria con argumentos racionales y científicos mediante las leyes físicas naturales o psicológicas conocidas. Con frecuencia se asocian con lo sobrenatural, lo espiritual y lo metafísico, aunque cabe la posibilidad de que en un futuro una parte de ellos puedan ser explicados desde la ciencia.

Física clásica: Rama de la física que entre otras cosas estudia la mecánica, la termodinámica y la teoría de campos. Es determinista. En general se considera la anterior al siglo XX.

Física cuántica: Es la rama de la física que estudia el comportamiento de partículas subatómicas (electrones, protones, fotones, etc.) y los sistemas a escalas muy pequeñas como los átomos. Sus principios fundamentales se diferencian profundamente de la física clásica. Es probabilística a pesar de lo cual sus cálculos son extremadamente exactos en su ámbito del comportamiento de micropartículas. Nace y se desarrolla a partir del siglo XX y se sigue explorando en la actualidad.

Psicología transpersonal: Es una corriente dentro de la psicología que estudia las experiencias humanas más allá de lo personal analizando aspectos como el crecimiento humano, el funcionamiento del ego y la dimensión espiritual de las personas. En mi texto lo empleo como la que aborda los aspectos espirituales y trascendentales de las personas de una forma aconfesional.

Tránsito: En este texto le doy el significado del proceso de separación de la conciencia del cuerpo físico a un nuevo estado más espiritual. El tránsito representa el camino hacia la transcendencia.

Trascender: El término se refiere a superar, sobrepasar o ir por encima de lo normal. En el texto lo empleo como estado superior al material al que accede nuestra conciencia tras la muerte física. Expresaría una expansión de la conciencia a una realidad superior. Ejemplo: «Al morir transcendemos a un nivel espiritual».

Yo observador o yo real: En este texto le doy el significado de la parte de nuestra conciencia que observa sin juzgar nuestros pensamientos, sensaciones y emociones, libre de reactividad. Se manifiesta en el momento presente.

Agradecimientos

Esta obra no hubiera sido posible sin la ayuda y el apoyo de mucha gente. Por ello, me gustaría expresar mi agradecimiento a aquellas personas que han compartido su ECM conmigo, bien personalmente, a través de sus testimonios online, o por medio de los numerosos libros publicados sobre el tema. Todos ellos me ayudaron inmensamente a la hora de integrar una experiencia tan compleja, en la que es tan fácil perderse.

Mi gratitud a todos esos autores que, desde que el doctor Raymond Moody comenzase a abordar las ECM en sus escritos, hasta aquellos que las han tratado nuestros días, han investigado estas experiencias. Especialmente influyentes entre los españoles me han resultado los trabajos de los doctores José Miguel Gaona, Luján Comas y Manuel Sans Segarra.

Más allá de por sus trabajos, quiero expresar mi agradecimiento al doctor Sans Segarra, que tan generoso ha sido conmigo desde que nos conocimos, honrándome con su amistad y consejo. De igual manera, su colaborador, Juan Carlos Cebrián, ha sido una gran influencia benéfica, desde el momento en que contactó conmigo para proponerme aparecer en el libro del doctor Sans Segarra, dio forma a mi relato en él y, como buen amigo que es, me aporta siempre sabios consejos. Mi deuda con Juan Carlos es inmensa.

Mi experiencia en el campo de las ECM se hubiese quedado en el ámbito de lo personal de no ser por la difusión que dieron diferentes canales de YouTube a mi testimonio. Desde el primero en interesarse por mi vivencia, *La senda interestelar*, a los que lo siguieron. Estoy convencido de que han sido instrumentos imprescindibles para hacer llegar mi testimonio a personas concretas, dándome a conocer entre ellas o proporcionándoles consuelo. Especial afecto tengo a los responsables de los canales *Mientras viva*, de Maria Martí; el canal de Christian

Argüello Gómez; *The other side,* en español; *Somos alma*, de la Fundación Iclobi; el canal oficial de Rafael Santandreu y *Vida eterna*, del doctor Sans Segarra.

Para iniciar este proceso de escritura fue decisiva aquella primera paciente que compartió conmigo el duelo por su hijo, así como los pacientes y amigos que, en igual situación, la siguieron, ya que me señalaron mi propósito vital actual, que no es otro que aportar consuelo a las personas que atraviesan un duelo con la esperanza del reencuentro.

También quiero dar las gracias a todos aquellos con los que he compartido mi experiencia y que, con sus opiniones sinceras, han enriquecido mi visión acerca del tema. Me es imposible nombrarlos a todos, pero, sin duda, han sido decisivos Josep Riera, el doctor Joan Viñas, Berta Meneses, mi grupo de Revisión de Vida, Salvadó Escude, Rafael Santandreu, el doctor Tomás Álvaro, Theo y Mari Macheda, Maribel Hebilla, Aurora Porta y Josep M. Morera, Inma Rabasco, María Teresa Giné y Víctor Márquez.

Mi agradecimiento a la Fundación Icloby, que me ha incorporado al proyecto Luz, primer estudio prospectivo de lengua hispana y, en especial, a mis amigos la doctora Luján Comas y el doctor Xavier Melo.

Hay una comprensión metafísica del fenómeno del tránsito y la trascendencia que le debo a María José Cardoso, de bondad y sabiduría inmensas, a las sociedades SCIP y AEDAC, con Nacho Blasco, el doctor Salvador Alonso, la doctora Ana Estrella, Juan José Sánchez y José Tomás Carrión, así como a los textos de Emilio Carrillo y Anji Carmelo.

En lo que se refiere a la comprensión de las complejidades del duelo desde un abordaje científico y humanista, han sido fundamentales, aparte de los autores extranjeros referenciados en la bibliografía, los textos de Alba Payàs, la doctora Montserrat Esquerda y José Carlos Bermejo.

Gracias también a Roca Editorial, que, a través de Silvia López, me ofreció la oportunidad de publicar en su sello: confiaron en mí, a pesar de ser un desconocido como autor. En la redacción formal del presente escrito, la aportación de Eduardo Bravo, excelente periodista y gran persona, ha sido fundamental a la hora de aportar fluidez al texto.

Personalmente, mis amigos y mentores Ramón Prat, Carmen Agustí, Joan Viñas y Fernando Álvarez de Torrijos han sido referentes éticos y guías espirituales durante muchos años en mi evolución personal.

Mi amor y gratitud a mis padres, José y Pepa, que me dieron la vida, mucho cariño y los medios para poder completar mis estudios de Medicina. También a mi familia, especialmente a mi esposa, Agustina, y a mis hijas, Cristina y Lorena, que han sido un apoyo constante y se han mostrado compresivas durante el tiempo que ha requerido la redacción de este libro.

Por último, mi agradecimiento a ti, lector, que me has acompañado en este recorrido. Eres la gran razón de ser de este libro.

Te invito a visitar mi web, donde puedes contactarme, conocer mis próximas actividades o conseguir más recursos de autoayuda:

www.doctormorales.es

Bibliografía

Alexander, E., *La prueba del cielo: el viaje de un neurocirujano a la vida después de la muerte*, Barcelona, Sello Editorial, 2013.

Allix, S., *La muerte no existe*, Madrid, HarperCollins, 2024.

Atwater, P., *Retorno de la muerte. Mas allá de la luz*, Barcelona, Martínez Roca, 1995.

Bermejo, J. C., *El duelo: luces en la oscuridad*, Madrid, La Esfera de los Libros, 2011.

— *Las siete tareas espirituales del duelo*, Bilbao, Desclée de Brouwer, 2021.

Bucay, J., *El camino de las lágrimas*, Buenos Aires, Sudamericana, 2004.

Carmelo, A. y Luján Comas, *¿Existe la muerte?*, Barcelona, Plataforma Editorial, 2016.

Carrillo, E., *El tránsito*, Málaga, Sirio, 2015.

— *¿Qué hay después de la muerte?*, Barcelona, Martínez Roca, 2018.

Casarramona Lahoz, M., *Vivir un duelo consciente: recursos para transitar la pérdida y reconectar con la vida*, Barcelona, Amat Editorial, 2024.

Clavero Marín, P., *Rituales de despedida y conmemoración. La celebración de una vida. Su función preventiva en el proceso de duelo*, Girona, Alfinlibros.com, 2024.

Esquerda, M., *Hablar de la muerte para vivir y morir mejor*, Barcelona, Alienta, 2022.

Fenwick, P., *El arte de morir. Un viaje a otra parte*, Gerona, Atlanta, 2015.

Gaona Cartolano, J., *Al otro lado del túnel*, Madrid, La Esfera de los Libros, 2012.

— *El límite*, Madrid, La Esfera de los Libros, 2015.

García Campayo, J., *Mindfulness. Nuevo manual práctico. El camino de la atención plena*, Sant Cugat del Vallès, Siglantana, 2019.

— *Parar para vivir mejor*, Madrid, HarperCollins, 2023.

Gilbert, P., *Terapia centrada en la compasión*, Bilbao, Desclée de Brouwer, 2015.

González Fernández, J., *El duelo: crecer en la pérdida*, Barcelona, RBA, 2020.

Greyson, B., *Después de la muerte*, Barcelona, Vergara, 2016.

Harris, R., *Una bofetada de realidad. Cómo encontrar satisfacción cuando la vida duele*, Barcelona, Obelisco, 2020.

— *La trampa de la felicidad. Libérate de la ansiedad. Empieza a vivir*, Barcelona, Planeta, 2022.

Jacobs, M., *Lo que me enseñaron mis pacientes antes de morir. Historias de acompañamiento, inspiración y aprendizaje en el final de la vida*, Barcelona, Vergara, 2018.

Kübler-Ross, E., *La rueda de la vida*, Barcelona, Ediciones B, 1998.

— *Lecciones de vida: redescubre el sentido de la vida a través de la muerte y el morir*, Barcelona, Luciérnaga, 2001.

— *La muerte: un amanecer*, Barcelona, Luciérnaga, 2007.

— *Vivir hasta despedirnos*, Barcelona, Luciérnaga, 2007.

Kumar, S. M., *Mindfulness para el duelo prolongado*, Bilbao, Desclée De Brouwer, 2017.

Long, J. C., *Evidencias del más allá*, Madrid, Edaf, 2011.

Moody, R. A., *Vida después de la vida*, Madrid, Edaf, 1975.

— *Reflexiones sobre vida después de la vida*, Madrid, Edaf, 1978.

— *Más allá la luz*, Madrid, Edaf, 1989.

— *Vida después de la pérdida: cómo superar la aflicción y encontrar la esperanza*, Madrid, Edaf, 2022.

Moorjani, A., *Morir para ser yo*, Móstoles (Madrid), Gaia Ediciones, 2012.

Morse, M., *Donde Dios habita. Cómo nuestros cerebros están unidos al universo*, Barcelona, Obelisco, 2006.

Neimeyer, R. A., *Aprender de la pérdida. Una guía para afrontar el duelo*, Barcelona, Paidós, 2019.

Nevado Rey, M., *Acompañar en el duelo. De la ausencia de significado al significado de la ausencia*, Bilbao, Desclée De Brouwer, 2017.

— *El duelo. Crecer en la pérdida*, Barcelona, RBA, 2020.

Ostaseski, F., *Las cinco invitaciones*, Ciudad de México, Océano, 2017.

Payás Puigarnau, A., *Las tareas del duelo*, Barcelona, Paidós, 2010.
— *El mensaje de las lágrimas*, Barcelona, Paidós, 2023.
Pertierra, M., *La última puerta. Experiencias cercanas a la muerte*, Madrid, Oberón, 2014.
Reoch, R., *Morir bien. Una guía para afrontar con valor y dignidad la experiencia de la muert*e, Barcelona, Oniro, 1998.
Sans Segarra, M., *La supraconciencia existe. Vida después de la vida*, Barcelona, Planeta, 2024.
Sartori, P., *ECM*, Barcelona, Kairós, 2015.
SEMFYC, *Atención al final de la vida*, Barcelona, SEMFYC, 2022.
Theillier, P., *Experiencias cercanas a la muerte. Una señal del Cielo que nos abre a la vida invisible*, Madrid, Palabra, 2016.
Trallero, J. C., *¿Morirme yo? No, gracias*, Barcelona, La Vanguardia Ediciones, 2021.
Van Lommel, P., *Consciencia más allá de la vida*, Gerona, Atlanta, 2022.
Ware, B., *Los cinco mandamientos para tener una vida plena*, Barcelona, Debolsillo, 2013.
Worden, J., *El tratamiento del duelo. Asesoramiento psicológico y terapia*, Barcelona, Paidós, 2022.